幼儿园高效管理策略

龚保兰　著

哈尔滨出版社
HARBIN PUBLISHING HOUSE

图书在版编目（CIP）数据

幼儿园高效管理策略 / 龚保兰著 . -- 哈尔滨 : 哈
尔滨出版社 , 2024. 7. -- ISBN 978-7-5484-8084-6

Ⅰ . G617

中国国家版本馆 CIP 数据核字第 20246U1A98 号

书　　名：**幼儿园高效管理策略**
YOU' ERYUAN GAOXIAO GUANLI CELÜE

作　　者：龚保兰　著
责任编辑：刘　硕
封面设计：研杰星空

出版发行：哈尔滨出版社（Harbin Publishing House）
社　　址：哈尔滨市香坊区泰山路82-9号　　邮编：150090
经　　销：全国新华书店
印　　刷：玖龙（天津）印刷有限公司
网　　址：www.hrbcbs.com
E－m a i l：hrbcbs@yeah.net
编辑版权热线：（0451）87900271　87900272
销售热线：（0451）87900202　87900203

开　　本：787mm×1092mm　　1/16　　印张：12.25　　字数：200千字
版　　次：2024年7月第1版
印　　次：2024年7月第1次印刷
书　　号：ISBN 978-7-5484-8084-6
定　　价：68.00元

凡购本社图书发现印装错误，请与本社印制部联系调换。
服务热线：（0451）87900279

前　言

在快速发展的现代社会，幼儿教育作为整个教育体系的基础，其重要性日益凸显。幼儿园不仅是孩子成长的乐园，更是他们心智启蒙、社交技能培养、情感与价值观形成的关键场所。因此，如何高效管理幼儿园，为孩子创造一个安全、健康、快乐且富有教育意义的环境，就显得尤为重要。

随着教育理念的不断更新和社会对幼儿教育期望值的提高，幼儿园管理面临着前所未有的挑战，包括教学质量的提高、师资力量的培养、家长沟通的优化、安全卫生的保障，以及幼儿园文化的塑造等。在这样的背景下，我们有必要对幼儿园高效管理策略展开深入探讨与分析。

本书共十二章，具体内容如下：

第一章介绍了管理学的基本概念，进而详细阐述了幼儿园管理的原则和实践策略，强调了幼儿园管理的重要性及高效管理对幼儿园发展的影响。

第二章聚焦幼儿园的组织架构与人员配置，探讨了组织架构的设计原则，并对人员配置与角色分工进行了细致的分析。

第三章着眼于幼儿园的日常运营管理，涵盖教学计划的制订与执行、日常活动安排与协调及资源管理与利用。

第四章专注于幼儿园的人力资源管理，从教师团队建设与管理、员工培训与发展，到激励制度与考核机制的构建，都进行了深入的探讨。

第五章着重于幼儿园的教学质量监控，不仅提出了教学质量评估标准，还建立了教学质量监控机制，并探讨了教学反馈与改进。

第六章关注的是幼儿园的安全与卫生管理，包括安全管理制度的建立、卫生保健与疾病预防及应急预案与危机处理。

第七章深入探讨了幼儿园与家长的沟通和合作，从家长会的组织与管理，到家长参与教育活动的策略，再到家园共育的理念与实践，都进行了全面的阐述。

　　第八章转向幼儿园的财务管理，详细介绍了预算管理与成本控制、经费来源与使用及财务管理的公开与透明。

　　第九章至第十二章，则分别探讨了幼儿园的文化建设、品牌建设与市场推广、法律与伦理规范及创新与可持续发展，为幼儿园的长远规划和可持续发展提供了全面的指导。

　　本书由天津市武清区第七幼儿园的龚保兰撰写完成。由于编写时间仓促及编者水平有限，书中难免有疏漏和不足之处，恳请广大读者批评指正。

目　录

第一章　幼儿园管理的基本理论 ⋯⋯⋯⋯⋯⋯⋯⋯⋯ 1

　第一节　管理学的基本概念 ⋯⋯⋯⋯⋯⋯⋯ 1

　第二节　幼儿园管理的原则和实践策略 ⋯⋯⋯⋯ 4

　第三节　幼儿园管理的重要性 ⋯⋯⋯⋯⋯⋯ 6

　第四节　高效管理对幼儿园发展的影响 ⋯⋯⋯⋯ 9

第二章　幼儿园的组织架构与人员配置 ⋯⋯⋯⋯ 13

　第一节　组织架构的设计原则 ⋯⋯⋯⋯⋯⋯ 13

　第二节　人员配置与角色分工 ⋯⋯⋯⋯⋯⋯ 20

第三章　幼儿园的日常运营管理 ⋯⋯⋯⋯⋯⋯⋯ 27

　第一节　教学计划的制订与执行 ⋯⋯⋯⋯⋯⋯ 27

　第二节　日常活动安排与协调 ⋯⋯⋯⋯⋯⋯ 29

　第三节　资源管理与利用 ⋯⋯⋯⋯⋯⋯⋯ 35

第四章　幼儿园的人力资源管理 ⋯⋯⋯⋯⋯⋯⋯ 45

　第一节　教师团队建设与管理 ⋯⋯⋯⋯⋯⋯ 45

　第二节　员工培训与发展 ⋯⋯⋯⋯⋯⋯⋯ 49

　第三节　激励制度与考核机制 ⋯⋯⋯⋯⋯⋯ 55

第五章　幼儿园的教学质量监控 ⋯⋯⋯⋯⋯⋯⋯ 63

　第一节　教学质量评估标准 ⋯⋯⋯⋯⋯⋯⋯ 63

第二节　教学质量监控机制 ·· 68

第三节　教学反馈与改进 ·· 76

第六章　幼儿园的安全与卫生管理 ································· 84

第一节　安全管理制度的建立 ·· 84

第二节　卫生保健与疾病预防 ·· 89

第三节　应急预案与危机处理 ·· 95

第七章　幼儿园与家长的沟通和合作 ·························· 101

第一节　家长会的组织与管理 ··· 101

第二节　家长参与教育活动的策略 ··································· 104

第三节　家园共育的理念与实践 ······································ 107

第八章　幼儿园的财务管理 ·· 112

第一节　预算管理与成本控制 ··· 112

第二节　经费来源与使用 ·· 117

第三节　财务管理的公开与透明 ······································ 123

第九章　幼儿园的文化建设 ·· 128

第一节　幼儿园文化的内涵与特点 ··································· 128

第二节　幼儿园文化的构建与传播 ··································· 130

第三节　幼儿园文化对管理的影响 ··································· 136

第十章　幼儿园的品牌建设与市场推广 ······················ 143

第一节　品牌建设的意义与策略 ······································ 143

第二节　市场推广的途径与方法 ······································ 147

第三节　提升幼儿园社会影响力 ······································ 151

第十一章　幼儿园的法律与伦理规范 ················· 156

　　第一节　遵守相关法律法规 ····················· 156

　　第二节　伦理原则与行为规范 ···················· 159

　　第三节　维护幼儿园与幼儿的权益 ················· 163

第十二章　幼儿园的创新与可持续发展 ··············· 170

　　第一节　创新管理理念与方法 ···················· 170

　　第二节　可持续发展的战略规划 ·················· 172

　　第三节　应对变革与挑战的策略 ·················· 177

参考文献 ······································· 184

第一章　幼儿园管理的基本理论

第一节　管理学的基本概念

一、管理的定义与内涵

（一）管理的定义

管理，从广义上来说，是指通过计划、组织、领导、协调、控制等手段，对组织所拥有的人力、物力、财力、信息、时间等资源进行有效的配置和利用，以实现组织既定目标的过程。在幼儿园管理中，这一过程尤为关键，因为它直接关系孩子的成长环境、教育质量和园所的长期发展。幼儿园管理需要精心规划和组织，确保每个孩子都能在安全、健康、快乐的氛围中成长。

管理的核心在于"协调"，即通过各种手段和方法，使得组织的各个部分能够协同工作，达到整体最优的效果。在幼儿园中，这种协调不仅体现在日常的教学活动中，还包括与家长、社区等外部环境的沟通与互动。

（二）管理的内涵

管理的内涵十分丰富，它不仅是一种技术或方法，更是一种艺术和科学。从科学的角度来看，管理需要遵循一定的规律和原则，运用系统化的方法来分析和解决问题。比如，在幼儿园中，管理者需要依据儿童心理学、教育学等学科知识来制订教育计划和教学策略。

同时，管理也是一种艺术。它要求管理者具备敏锐的洞察力、丰富的想象力和灵活的应变能力。在幼儿园管理中，管理者需要能够准确地把握每个孩子的个性和需求，为他们提供个性化的教育服务。此外，管理者还需要不断地实践和学习，提升自己的管理技能和领导能力。

二、管理的基本职能

管理的基本职能主要包括计划职能、组织职能、领导职能等。这些职能相互关联、相互影响，共同构成了管理的核心活动。

（一）计划职能

计划职能是管理的首要职能。它涉及对组织未来一段时间内的目标和行动方案进行预设和安排。在幼儿园管理中，计划职能尤为重要。管理者需要根据幼儿园的实际情况和发展目标，制订切实可行的教育计划、教学计划和管理计划等。这些计划不仅要明确具体的目标和任务，还要考虑各种资源和条件的限制，确保计划的可行性和有效性。

通过周密的计划，幼儿园可以更好地配置和利用各种资源，提高教育质量和办学效益。同时，计划还可以帮助管理者和教职工明确工作方向和目标，增强工作的主动性和预见性。

（二）组织职能

组织职能是指为了实现计划目标，按照一定的结构和规则，将各种资源进行有效的组合和配置。在幼儿园中，组织职能主要体现在以下几个方面：首先，是人员的组织，包括教职工的选拔、培训和考核等；其次，是物资的组织，如教学设备、教材、生活用品等的采购和管理；最后，是活动的组织，包括日常教学活动、节日庆典、家长会等。

通过有效组织，幼儿园可以确保各项工作的有序进行，提高工作效率和团队协作能力。同时，合理的组织结构还可以促进信息的流通和共享，为幼儿园的可持续发展提供有力保障。

（三）领导职能

领导职能是管理过程中的关键环节。它涉及对组织成员的引导和激励，以达成组织目标。在幼儿园管理中，领导者的角色至关重要。他们不仅需要具备丰富的教育和管理知识，还要有良好的沟通能力和团队协作精神。有效的领导可以激发教职工的工作热情和创造力，提高幼儿园的整体绩效。

三、管理学的基本理论与发展

管理学的基本理论是指导管理实践的重要依据。随着时代的变迁和社会的发展，管理理论也在不断地丰富和完善。以下是几种主要的管理学理论及其在幼儿园管理中的应用：

（一）古典管理理论

古典管理理论强调制度、规范和程序在管理中的重要性。在幼儿园管理中，需要建立一套完善的管理制度和规范，以确保各项工作的有序进行。例如，制订明确的教学计划、课程安排和考核标准等，以提高教育质量和效率。

（二）行为科学管理理论

行为科学管理理论关注人的因素在管理中的作用。它强调了解员工的需求和动机，通过激励和沟通等手段来调动员工的积极性和创造力。在幼儿园管理中，需要关注教职工的成长和发展需求，为他们提供良好的工作环境和培训机会，同时要加强与家长的沟通和合作，共同促进孩子的全面发展。

（三）现代管理理论

现代管理理论更加注重组织的整体性和系统性思考。它强调创新、变革和适应环境的能力在管理中的重要性。在幼儿园管理中，需要不断地探索新的教育方法和管理模式以适应不断变化的社会需求。例如，引入新的教学技术和工具来提升教学效果；加强与社区和其他教育机构的合作与交流等。

总之，管理学的基本理论与发展为幼儿园管理提供了宝贵的指导和借鉴。管理者通过不断学习、实践这些理论和方法，可以帮助幼儿园实现更加科学、高效和人性化的管理，促进孩子健康成长和全面发展。

第二节 幼儿园管理的原则和实践策略

一、幼儿园管理的基本原则

（一）整体性原则

幼儿园管理应遵循整体性原则，即将幼儿园视为一个整体系统，注重各部门、各要素之间的协调与配合。管理者需要从整体出发，制订全面的管理计划和策略，确保幼儿园各项工作的有序进行。同时，还要关注幼儿园与外部环境的关系，积极融入社区，融入社会，为幼儿提供更广阔的发展空间。

（二）"以人为本"原则

"以人为本"是幼儿园管理的核心原则。管理者需要关注每一个幼儿的发展需求，尊重他们的个性和差异，为他们提供个性化的教育服务。同时，管理者还需要关注教职工的成长和发展，提供良好的工作环境和培训机会，激发他们的工作热情和创造力。"以人为本"原则不仅体现在对幼儿和教职工的关怀上，更体现在对幼儿园整体发展的规划上。

（三）教育性原则

幼儿园是教育机构，其管理必须遵循教育性原则。这意味着管理者需要明确教育目标，制订科学的教育计划，并注重教育实施过程和教育效果评价。同时，管理者还需要关注教育资源的合理配置和利用，确保教育质量。教育性原则是幼儿园管理的基础和前提，也是衡量管理成效的重要标准。

（四）安全性原则

安全性原则是幼儿园管理的底线原则。管理者需要时刻关注幼儿的安全问题，制定严格的安全管理制度和应急预案，确保幼儿在园期间的人身安全。同时，还需要对幼儿进行安全教育，增强他们的安全意识和自我保护能力。安全性原则不仅关系幼儿的身心健康，也关系幼儿园的声誉和发展。

二、幼儿园管理的实践策略

（一）建立健全管理制度

幼儿园管理需要建立健全的管理制度，包括人事管理、教学管理、后勤管理等方面的规章制度。这些制度不仅要明确各项工作的职责和要求，还应注重制度的执行和监督。建立健全的管理制度可以确保幼儿园各项工作的有序进行，提高工作效率和质量。

（二）加强师资队伍建设

教师是幼儿园教育的核心力量，因此加强师资队伍建设是幼儿园管理的重要实践策略。管理者需要关注教师的选拔、培训、考核和激励等方面的工作，提高他们的专业素养和教育能力。同时，还要营造良好的教师团队氛围，促进教师之间的交流与合作，共同推动幼儿园的发展。

（三）优化教育资源配置

优化教育资源配置是幼儿园管理的重要任务之一。管理者需要根据教育目标和幼儿发展需求，合理配置教育资源，包括教学设施、教材教具、活动场地等。同时，还要关注教育资源的更新和维护工作，确保其满足教育教学的需要。优化教育资源配置可以提高教育质量和效果，促进幼儿的全面发展。

第三节　幼儿园管理的重要性

幼儿园作为孩子接触的第一个"小社会"，其管理质量直接关系幼儿的成长与教育质量。幼儿园管理的重要性主要体现在确保教育教学质量、促进幼儿全面发展、提高运营效率与资源利用率，以及构建和谐的教育环境四个方面。

一、确保教育教学质量

（一）制订科学的教学计划

幼儿园管理首先要确保教学质量，这需要通过制订和实施科学的教学计划来实现。教学计划是教学活动的指导性文件，它规定了教学内容、教学目标、教学方法和评价标准等。科学的教学计划应该根据幼儿的年龄特点、认知水平和发展需求来制订，注重知识的系统性、连贯性和趣味性，以激发幼儿的学习兴趣和积极性。同时，教学计划还应该注重培养幼儿的各项基本能力，如观察力、思维力、想象力和创造力等，为幼儿的全面发展打下坚实基础。

（二）加强师资培训与考核

教师是幼儿园教学质量的保障。因此，幼儿园管理需要加强对教师的培训和考核，提高教师的专业素养和教学能力。培训内容包括教育理念、教学方法、幼儿心理学等方面，以确保教师具备扎实的专业知识和教育技能。同时，定期的考核和评价可以激励教师不断进步，提高教学质量。

（三）建立有效的教学质量评价体系

为了确保教学质量，幼儿园需要建立有效的教学质量评价体系。该体系应该包括教学目标达成度、幼儿参与度、教学效果等方面。定期的教学评价和反馈，可以及时发现教学中存在的问题，并采取相应的改进措施，从而不断提高教学质量。

二、促进幼儿全面发展

（一）提供多元化的教育活动

幼儿园应该提供多元化的教育活动，以满足不同幼儿的兴趣和需求。这些活动包括音乐、美术、体育、科学等方面，旨在培养幼儿的审美能力、动手能力、探究能力和社交能力等。多元化的教育活动可以激发幼儿的学习兴趣和积极性，促进他们的全面发展。

（二）关注幼儿的个体差异

每个幼儿都是独一无二的个体，具有不同的性格、兴趣和能力。因此，幼儿园管理需要关注幼儿的个体差异，为每个孩子提供个性化的教育方案。通过了解每个孩子的特点和需求，教师可以制订有针对性的教学计划，帮助每个孩子得到更好的发展。

（三）培养幼儿的自主学习能力

自主学习能力是幼儿全面发展的重要组成部分。幼儿园管理应该注重培养幼儿的自主学习能力，鼓励他们主动探索、发现和解决问题。提供丰富的学习资源和活动材料，以及创设良好的学习环境，可以激发幼儿的学习兴趣和求知欲，培养他们的自主学习能力。

三、提高运营效率与资源利用率

（一）优化资源配置

幼儿园管理需要合理配置和利用各种资源，包括人力、物力、财力等。优化资源配置可以提高资源的利用效率，避免浪费。例如，合理安排教师的工作时间，确保每个班级都有足够的教师资源；合理规划活动场地和设施，确保幼儿有足够的活动空间等。

（二）提高管理效率

高效管理可以确保幼儿园的日常运营顺畅进行。幼儿园需要建立完善的管理制度，明确各项工作职责和流程，以提高工作效率。同时，采用现代化的管理手段（如信息化管理系统）可以进一步提高管理效率，减少人力成本。

（三）加强与家长的沟通与合作

家长是幼儿园教育的重要合作伙伴。加强与家长的沟通与合作，可以更好地了解幼儿的需求和特点，为每个孩子提供个性化的教育方案。同时，家长的参与和支持也可以提高幼儿园的运营效率。例如，家长可以协助幼儿园组织各种活动，提供志愿服务等。

（四）合理利用外部资源

幼儿园管理还需要积极寻求和利用外部资源，以提高运营效率。例如，幼儿园可以与其他教育机构或社区合作，共享资源和经验；争取政府或企业的资金支持，改善教学设施等。合理利用外部资源，可以弥补自身资源的不足，提高运营效率。

四、构建和谐的教育环境

（一）营造良好的师生关系

良好的师生关系是构建和谐教育环境的基础。教师需要尊重、关爱每一个孩子，与他们建立亲密、信任的关系。通过积极的互动和交流，教师可以更好地了解幼儿的需求和困惑，为他们提供及时的帮助和支持。

（二）促进幼儿之间的友好交往

幼儿之间的友好交往有助于培养他们的社交能力和团队协作精神。幼儿园管理应该通过组织各种集体活动和团队游戏，促进幼儿之间的交流和合作。同时，教师也需要引导幼儿学会尊重、理解和包容他人，培养他们的同理心和互助精神。

（三）加强与家长的互动与合作

家长是幼儿园教育的重要参与者。幼儿园管理需要加强与家长的互动与合作，共同为幼儿的成长提供支持。定期的家长会、亲子活动等可以增进家长与幼儿园之间的了解和信任，共同促进幼儿的全面发展。

（四）打造安全、舒适的学习环境

安全、舒适的学习环境是构建和谐教育环境的重要保障。幼儿园需要加强对设施设备的检查和维护，确保幼儿在学习和生活中的安全。同时，合理的空间布局和装饰风格，可以营造温馨、舒适的学习氛围，让幼儿在轻松愉快的环境中成长。

综上所述，幼儿园管理在确保教育教学质量、促进幼儿全面发展、提高运营效率与资源利用率以及构建和谐的教育环境等方面都具有重要意义。为了实现这些目标，幼儿园需要建立完善的管理制度和工作流程，加强师资培训与考核，合理利用各种资源，并积极与家长和社会各界合作。

第四节　高效管理对幼儿园发展的影响

幼儿园作为孩子接受教育的起点，其管理效率和教育质量直接关系孩子的成长和未来。高效管理不仅对幼儿园的日常运营有着重要影响，更是推动幼儿园可持续发展的关键因素。高效管理对幼儿园发展的影响主要体现在提升教育品质与树立口碑、增强团队协作力与凝聚力、实现教育资源的优化配置以及推动幼儿园的可持续发展与创新四个方面。

一、提升教育品质与树立口碑

（一）优化教学计划和课程设计

通过高效管理，幼儿园可以优化教学计划和课程设计，以满足不同年龄段儿童的发展需求。这包括根据孩子的认知发展、情感发展和社会性发展等方面，设计一系列丰富多彩、寓教于乐的活动。同时，定期评估和调整教学计划，确保教育内容与时俱进，符合当代社会的需求。这样不仅可以调动孩子的学习兴趣，还能在家长中树立良好的口碑。

（二）加强师资培训和专业发展

教师是幼儿园教育质量的决定性因素。通过高效管理，幼儿园可以建立完善的师资培训体系，为教师提供专业成长的机会和资源。这包括定期组织内部和外部的培训课程、研讨会等，以提升教师的教学水平和教育理念。同时，鼓励教师参与教育研究和实践，不断探索新的教学方法和策略，从而提高整体的教育品质。

（三）建立良好的家校沟通机制

高效管理还体现在幼儿园与家长之间的沟通与合作上。通过建立良好的家校沟通机制，如定期的家长会、开放日、网络平台交流等，幼儿园可以及时知晓家长的建议，进而调整教育策略，满足家长的期望和需求。这种开放和透明的家校沟通机制有助于增强家长对幼儿园的信任感，进而提升幼儿园的影响力。

二、增强团队协作力与凝聚力

（一）明确团队目标和责任分工

高效管理要求幼儿园明确团队的整体目标和每个成员的责任分工。制订详细的工作计划和职责说明书，让每个团队成员都清楚自己的职责，营造有序且高效的工作氛围。这不仅可以提高工作效率，还能增强团队成员之间的默契度和协作精神。

（二）营造积极的团队文化

除明确的目标和责任分工外，高效管理还强调营造积极的团队文化。这包括营造互相尊重、支持和合作的工作氛围，定期组织团队建设活动和交流会议，以及鼓励团队成员之间的知识分享和经验交流。这些措施可以增强团队成员的归属感和忠诚度，提高团队的凝聚力和执行力。

（三）建立有效的激励机制

为了进一步增强团队的凝聚力和工作积极性，高效管理还需要建立有效的激励机制。这包括设立明确的绩效考核标准，对表现优秀的团队成员给予及时的奖励和认可。同时，提供职业发展机会和培训计划，让团队成员看到自己在幼儿园的未来和发展空间。这些措施可以激发团队成员的工作热情和创新精神，为幼儿园的长远发展注入活力。

（四）促进跨部门合作与交流

在幼儿园中，各个部门之间的紧密合作是高效管理的重要体现。通过定期召开跨部门会议、组织联合活动等措施，可以促进不同部门之间的了解与合作，打破部门壁垒，形成幼儿园内部的合力。这种跨部门的合作与交流有助于提高工作效率，减少资源浪费，同时有助于培养团队成员的全局意识和协作精神。

三、实现教育资源的优化配置

（一）合理分配教育资源

高效管理要求幼儿园根据自身实际情况和教育需求，合理分配教育资源。这包括资金、设施、教材、师资等方面。科学的资源配置可以确保教育活动的顺利进行，同时提高教育资源的利用效率。

（二）优化教育设施和环境

幼儿园的教育设施和环境对孩子的成长至关重要。高效管理要求幼儿园不断优化设施和环境，为孩子提供一个安全、舒适、富有启发性的学习环境。这包括改善教室布局、更新教学设备、丰富图书资料等措施，以满足孩子多样化的学习需求。

（三）加强与外部资源的合作与交流

除内部资源的优化配置外，高效管理还强调幼儿园与外部资源的合作与交流。通过与社区、企业、其他教育机构等建立合作关系，幼儿园可以共享更多的教育资源和经验，拓宽孩子的视野。这种开放式的合作模式有助于提升幼儿园的整体教育水平和影响力。

四、推动幼儿园的可持续发展与创新

（一）制订长远发展规划与目标

高效管理要求幼儿园制订长远的发展规划和目标，明确未来的发展方向和重点。这包括扩大办学规模、提升教育质量、拓展教育服务等方面。明确的目标规划可以引导幼儿园朝着更加美好的方向发展，实现可持续发展。

（二）鼓励教育创新与实践

创新是幼儿园发展的重要动力。高效管理鼓励教师积极探索新的教育方法和技术，勇于尝试和实践新的教育理念。设立创新基金、搭建创新平台等措施可以为教师提供良好的创新环境和支持。这种创新氛围有助于激发教师的创造力和工作热情，推动幼儿园教育的不断创新与发展。

（三）建立持续改进机制与评估机制

为了确保幼儿园的可持续发展与创新，高效管理还需要建立持续改进机制与评估机制。通过定期的自我评估和外部评估，我们可以发现幼儿园存在的问题和不足，及时进行调整和改进。同时，鼓励教师积极参与评估过程，提出改进意见和建议。这种持续改进的精神有助于幼儿园不断完善自身，实现更高水平的发展。

第二章　幼儿园的组织架构与人员配置

第一节　组织架构的设计原则

组织架构是幼儿园运营管理的基石，它决定了园内各项工作的分工与协作方式，对于提高管理效率和保证教育质量至关重要。在设计幼儿园组织架构时，应遵循以下原则。

一、整体性与系统性原则

（一）确保组织架构与幼儿园整体战略目标相一致

幼儿园的组织架构，作为园内运营管理的核心结构，其设计的重要性不言而喻。为了确保幼儿园的长期稳定发展，组织架构必须与园所的整体战略目标紧密相连。这不仅涉及幼儿园的日常运营管理，更关乎园所未来的发展方向和教育理念的实现。

在设计组织架构时，首先要明确幼儿园的长期发展规划和教育教学理念。这是组织架构设计的基石，也是确保各部门和岗位设置能够支持这些目标实现的关键。如果幼儿园注重创新教育，希望在教育教学中融入更多的创新思维和实践，那么在组织架构的设计中，就应该设立与创新教育相关的部门或岗位。这样，不仅可以推动创新教育的深入发展，还能确保幼儿园的教育理念在实践中得到贯彻和落实。

为了确保组织架构与整体战略目标的一致性，幼儿园还需要定期进行战略规划和目标制订。通过明确各阶段的发展目标和重点任务，幼儿园可以及时调整组织架构和人员配置，以适应不断变化的市场需求和教育环境。同时，这也有助于增强幼儿园的竞争力和影响力，为孩子提供更优质的教育服务。

（二）构建完整的组织架构体系

一个完整的组织架构体系是幼儿园稳定运营的基础。这个体系应该包括决策层、管理层和执行层等层级，以及教学、行政、后勤等职能部门。每个层级和部门都有其特定的职责和权力范围，它们之间应相互衔接、协调运作，共同构成一个有机整体。

在构建组织架构体系时，幼儿园需要明确各个层级和部门的职责和权力。决策层负责制订幼儿园的发展战略和重大决策；管理层负责具体的管理和协调工作；执行层则负责各项教育教学活动的实施。同时，教学部门应专注于课程设计和教学质量的提升；行政部门负责园所的日常行政管理和服务工作；后勤部门则负责确保园所设施的正常运行和维护。

为了确保组织架构体系的完整性，幼儿园还需要建立一套科学的管理制度和规范。这些制度和规范应涵盖幼儿园的各个方面，包括教学管理、学生管理、后勤管理等。通过制度的约束和引导，我们可以确保幼儿园各项工作有序开展，提高管理效率和工作质量。

（三）注重各部门之间的协同与整合

在幼儿园的组织架构中，各个部门之间的协同与整合至关重要。为了实现这一目标，幼儿园需要建立有效的沟通机制和协作流程。通过定期的会议、交流和工作协调，我们可以确保幼儿园各部门之间的信息共享、资源共享，从而提高工作效率。

教学部门与后勤部门之间的协同是一个典型的例子。教学部门需要确保教育教学的顺利进行，而后勤部门则需要提供必要的教学设施和环境支持。如果两者之间的沟通不畅或协作不力，就可能导致教学资源的浪费或教学质量的下降。因此，幼儿园需要建立良好的沟通机制和协作流程，确保两者之间的密切配合和无缝衔接。

为了实现各部门之间的协同与整合，幼儿园还可以借助现代化的信息技术手段。通过建立信息化的管理平台，幼儿园可以实现各部门之间的实时信息共享和协同工作。这不仅可以提高工作效率，还能确保各项工作的准确性和及时性。

（四）优化资源配置，提高整体效益

通过合理分配和利用人力资源、物力资源和财力资源，幼儿园可以提高整体运营效益。

首先，幼儿园需要根据各岗位的工作性质和职责范围来合理分配人力资源，确保每个岗位都有合适的人员，避免人力资源的浪费或不足。同时，幼儿园还需要关注员工的培训和发展需求，定期的培训和学习活动可以提升员工的专业素养和综合能力。

其次，在物力资源的配置上，幼儿园需要确保教学设施、活动场地等资源的充分利用和合理布局。这不仅可以提高教学质量，还能为孩子提供一个安全、舒适的学习环境。

最后，在财力资源的分配上，幼儿园需要制定合理的预算和财务管理制度。严格的预算控制和成本核算可以确保幼儿园资金的合理使用和效益最大化。同时，幼儿园还需要关注市场动态和园内发展状况，及时调整资金投向和使用计划，以适应新的发展需求和挑战。

二、灵活性与适应性原则

（一）组织架构应具备一定的灵活性

在快速发展的现代社会中，幼儿园面临的内外部环境是不断变化的。这就要求幼儿园的组织架构应具备一定的灵活性，以适应这些变化。在设计组织架构时，幼儿园可以考虑采用模块化或项目化的组织形式。这种形式便于幼儿园根据需要进行调整和优化，从而更好地应对市场变化和园内发展需求。

同时，幼儿园还需要培养一支具备高度灵活性和适应能力的团队。定期的培训和实践活动可以提升幼儿园员工的专业素养和应变能力。这样，在面对各种变化和挑战时，幼儿园的团队能够迅速做出反应并有效应对。

（二）及时调整组织架构以适应发展需求

随着幼儿园的发展壮大和外部环境的变化，原有的组织架构可能会显得过于僵化或不再适应新的需求。因此，幼儿园需要密切关注市场动态和园内发展状况，及时调整组织架构，以适应新的发展需求。

例如，当幼儿园扩大规模或开设新的教育项目时，幼儿园就需要对组织架构进行相应的调整。这可能涉及增设新的部门、调整人员配置、优化工作流程等方面。及时调整和优化可以确保幼儿园组织架构始终与园内发展需求保持同步，为幼儿园的长期稳定发展提供有力保障。

（三）培养员工的适应能力和创新精神

为了提高组织架构的灵活性和适应性，幼儿园还需要注重培养员工的适应能力和创新精神。首先，幼儿园可以通过定期的培训和学习活动来提升员工的专业素养和综合能力。这不仅可以使员工更好地胜任本职工作，还能增强他们的应变能力和创新能力。

其次，幼儿园可以鼓励员工积极参与园内外的交流和学习活动。通过与同行的交流和分享，员工可以拓宽视野、汲取新知识，并将所学应用于实际工作中。这有助于提升员工的创新能力和适应能力，为幼儿园的发展注入新的活力和动力。

最后，幼儿园还需要为员工营造良好的工作环境和创新氛围。一个积极向上、充满创新的工作环境将激发员工的创造力和创新精神。同时，幼儿园还可以通过设立创新奖励机制等方式来激励员工积极投身于创新实践。这有助于培养一支具备高度适应能力和创新精神的团队，为幼儿园的长期稳定发展提供坚实的人才保障。

三、层级清晰与责任明确原则

（一）建立清晰的层级结构

在幼儿园的组织架构中，建立清晰的层级结构是至关重要的。一个明确的层级结构不仅有助于信息的快速传递，还能确保各项决策的有效执行。在这样的结构中，每个层级都有明确的职责和权限，从而避免了工作重叠或责任不清的情况。例如，园长作为最高层级，负责制订幼儿园的整体发展战略和监督各项工作的实施；中层管理者则负责具体部门的管理和协调；而基层员工则专注于日常教学和生活照料等工作。

清晰的层级结构还能为员工提供明确的职业发展路径。员工可以根据自己的能力和兴趣，在层级结构中找到适合自己的发展方向。这不仅有助于激发员工的工作积极性，还能为幼儿园培养更多的人才。

此外，层级结构的设置也需要考虑幼儿园的规模和特点。对于规模较小的幼儿园，可以采用较为简单的层级结构，以便更快地响应市场需求和变化。而对于规模较大的幼儿园，则需要建立更为复杂的层级结构，以适应更多的管理需求和挑战。

为了确保层级结构的有效性，幼儿园还需要定期进行组织结构的优化和调整。这包括对层级进行调整、对职责进行重新分配等，以确保组织架构始终与幼儿园的发展战略相匹配。

（二）明确各部门和岗位的职责范围

为了确保幼儿园的高效运转，除建立清晰的层级结构外，还需要进一步明确各部门和岗位的职责范围。通过详细制定工作说明书和岗位职责表，幼儿园可以让每个员工都清楚地了解自己的工作内容和职责边界。

例如，教学部门的主要职责是设计和实施教育教学计划，以确保教学质量；后勤部门则负责幼儿园的卫生、餐饮和安保等工作，为师生提供良好的学习和生活环境。而具体到每个岗位，如教师、保育员、厨师等，也都应该有明确的职责规定，以便他们能更好地履行自己的职责。

明确职责范围不仅可以提高工作效率，还能避免工作中的推诿和扯皮现象。当每个员工都清楚自己的职责时，他们就能更加专注地投入工作，为幼儿园的发展贡献自己的力量。

（三）建立健全的考核机制

要确保层级清晰和责任明确原则的有效实施，建立健全的考核机制是关键。考核机制能够帮助幼儿园全面、客观地评估员工的工作表现，及时发现并解决工作中存在的问题。

首先，幼儿园需要根据各部门和岗位的职责范围，制定具体的考核指标和标准。这些指标和标准应该具有可量化性、可操作性和针对性，以便幼儿园能准确地评估员工的工作成果。例如，对于教师岗位，幼儿园可以从教学质量、学生满意度、家长反馈等方面进行考核。

其次，考核过程应该公开、公正、公平。幼儿园可以采用多种考核方式，如自我评价、同事评价、上级评价等，以便更全面地了解员工的工作情况。同时，考核结果应该及时反馈给员工，让他们了解自己的优点和不足，从而有针对性地改进工作。

最后，考核机制还需要与激励机制相结合。幼儿园可以根据考核结果，给予优秀员工相应的奖励和晋升机会，激发他们的工作积极性和创造力。而对于考核不合格的员工，幼儿园也需要提供必要的帮助和支持，促使他们不断提升自己的工作能力。

（四）强化责任意识和担当精神

强化员工的责任意识和担当精神是实现层级清晰和责任明确的重要保障。一个具有高度责任感的团队，能够更好地履行各自的职责，共同为幼儿园的发展贡献力量。

为了强化责任意识和担当精神，幼儿园首先需要在企业文化建设中强调这些价值观。通过定期的培训和宣讲，员工深刻理解责任和担当的重要性，并将其内化为自己的行动准则。

同时，幼儿园可以通过具体的实践活动来培养员工的责任感。例如，可以组织员工参与志愿服务、团队建设等活动，让他们在实践中体会担当和奉献的意义。

此外，领导者的榜样作用也是至关重要的。领导者需要以身作则，积极履行自己的职责，为员工树立一个良好的榜样。当员工看到领导者都在努力承担责任时，他们的责任感也会增强。

四、有效沟通与协作原则

（一）建立畅通的沟通渠道

畅通的沟通渠道能够及时传递信息，便于协调解决各种问题，促进各部门之间的紧密合作。为了实现这一目标，幼儿园可以采取多种措施。

首先，可以设立正式的会议制度，如定期的部门会议、全员大会等，以便及时传达重要信息，讨论和解决工作中的问题。这些会议应该有明确的议程和记录，确保所有参与者都能了解并跟进讨论的内容。

其次，非正式交流同样重要。幼儿园可以设立员工休息室或聊天室，鼓励员工在工作之余进行轻松的交流，分享彼此的经验和想法。这种非正式的沟通方式有助于拉近员工之间的距离，增强团队的凝聚力。

最后，幼儿园还可以利用现代科技手段（如企业微信、电子邮件等）建立快速、便捷的信息传递网络。这些工具可以突破时间和空间的限制，让员工随时随地保持联系，及时沟通和协调。

（二）促进跨部门之间的协作与配合

在幼儿园中，各个部门之间的紧密协作是确保教育教学顺利进行的关键。

首先，明确各部门的职责和分工是基础。通过制定详细的工作流程和职责说明书，每个部门都清楚自己的职责范围和工作要求。这有助于避免工作重叠和冲突，提高工作效率。

其次，设立跨部门协作小组是一个有效的做法。这些小组可以由来自不同部门的成员组成，共同负责某个具体项目或任务的实施。小组合作可以促进各部门之间的了解和信任，加强协作精神。

最后，定期召开协调会议也是必不可少的。这些会议可以为各部门提供一个交流和协商的平台，及时解决协作过程中出现的问题和矛盾。会议可以及时调整工作计划和策略，确保各项工作的顺利进行。

（三）培养团队合作精神和集体荣誉感

团队合作精神和集体荣誉感是推动幼儿园发展的强大动力。

首先，加强团队建设活动是关键。幼儿园可以定期组织各种形式的团队建设活动，如户外拓展、趣味运动会等，让员工在轻松愉快的氛围中增进彼此的了解和信任，有助于培养员工的团队协作精神，提高团队的凝聚力和向心力。

其次，强调共同目标和价值观也很重要。幼儿园需要向员工传达本园的目标和价值观，让他们明白每个人的工作都是为实现这些目标而努力的，使他们更加积极地投入工作。

最后，及时认可和奖励团队的贡献是激励员工的有效方式。当团队取得优异成绩时，幼儿园应该及时给予认可和奖励，让员工感受到自己的付出得到了回报。这种正向激励能够激发员工的集体荣誉感，促使他们为团队贡献更多的力量。

第二节　人员配置与角色分工

一、园长与副园长的角色职责

（一）规划与发展战略制订

园长，作为幼儿园的最高管理者和决策者，其角色职责远超过日常的行政管理。他／她首要的任务是站在全局的高度，为幼儿园描绘一幅宏伟的发展蓝图。这需要根据国家的教育政策、地方教育部门的指导方针，结合当前社会的市场需求以及幼儿园自身的特色和资源，深思熟虑地制订切实可行的发展规划。

这一规划不仅涉及幼儿园的教育目标和教学理念，更细化到每一个教学计划、课程内容的选择和安排。此外，为了支撑这些教学活动，还需要对幼儿园的硬件设施进行规划和升级，如教室的布置、游乐设施的选择和更新等。而所有这些，都需要园长有敏锐的洞察力和前瞻性，确保幼儿园在教育行业的激烈竞争中能够脱颖而出。

除了日常的运营管理，园长更需要时刻关注整个学前教育行业的动态变化。随着社会的进步和家长教育观念的更新，幼儿园也需要与时俱进，不断调整和优化自己的发展战略。这意味着园长需要经常参加各类教育研讨会、论坛，与同行交流，了解最新的教育理念和教学方法，从而确保幼儿园始终处于行业的前沿。

（二）日常管理与决策

园长在日常工作中如同一位"大家长"，要关心每一个细节，确保幼儿园的各项事务都能够有条不紊地进行。从教学计划的执行到师资力量的调配，从学生管理到财务规划，每一项工作都需要园长的悉心指导和监督。

而为了确保各部门之间的沟通和协作，园长还需定期组织召开园务会议。这不仅是一个汇报工作、解决问题的会议，更是一个集思广益、共同为幼儿园发展出谋划策的机会。在会议上，园长需要倾听每一位员工的意见和建议，及时解决存在的问题，确保幼儿园的运营始终保持在最佳状态。

与此同时，与家长保持密切沟通也是园长的重要职责之一。家长是幼儿园的重要合作伙伴，他们的意见和建议对于幼儿园的持续改进和提升具有不可替代的价值。因此，园长需要经常性地与家长进行交流，了解他们对幼儿园的看法和期望，从而确保幼儿园提供的服务始终与家长的需求相匹配。

（三）师资队伍建设与培训

一个优秀的幼儿园，其背后的核心力量必然是一支高素质、有爱心的师资队伍。园长深知，只有教师具备了足够的专业素养和教育热情，才能为孩子提供一个充满爱与关怀的成长环境。

因此，园长需要投入大量的精力和资源在师资队伍建设上。这不仅是通过招聘选拔找到那些有潜力、有爱心的教师，更重要的是为他们提供持续的专业培训和成长机会。制订完善的师资培训计划，确保每一位教师都能够定期参加专业培训、学术交流等活动，不断提高自己的教育教学能力。

除此之外，园长还需要关注教师的个人发展和职业规划。园长应该为教师提供良好的晋升通道和激励机制，让他们在幼儿园这个大家庭中找到归属感和成就感。只有这样，教师才会更加投入地工作，为孩子提供更优质的服务。

（四）对外交流与合作

作为幼儿园的"掌门人"，园长还需要承担起对外交流与合作的重任。园长不能仅满足于幼儿园内部的运营和管理，更需要将眼光放远放宽，积极寻求与其他教育机构、政府部门、社区组织等的合作机会。

通过对外交流与合作，幼儿园不仅可以拓宽自己的资源渠道，引入更多的优质教育资源和创新理念，还可以借此机会提升自己的知名度和影响力。这对于幼儿园的长远发展来说无疑是至关重要的。

而副园长，在这个管理体系中扮演着举足轻重的角色。副园长是园长的得力助手和参谋，负责协助园长处理各种日常事务、监督教学计划的执行以及协调各部门之间的工作关系。在园长因故不能履行职责时，副园长还需挺身而出，代为履行相关职责，确保幼儿园的运营不受影响。

二、教师团队的构建与分工

（一）教学团队的构建

教师是幼儿园教育的基石和灵魂。一支优秀的教师团队不仅能够为孩子提供高质量的教育服务，还能够为幼儿园创造独特的教育品牌。因此，在组建教师团队时，幼儿园必须高度重视教师的专业素养、教育教学能力以及团队合作精神。

为了吸引和留住优秀教师人才，幼儿园需要通过公开招聘、选拔和培训等方式，确保每一位进入团队的教师都具备足够的专业知识和教育热情。同时，幼儿园还需要根据教师的专业特长和教学经验，为他们合理分配教学任务和角色。这样不仅可以确保每位教师都能在自己的领域内发挥最大的价值，还能够促进教师之间的互补和协作。

（二）教学分工与合作

在教学分工方面，幼儿园可以根据课程设置和幼儿的年龄特点来进行合理划分。例如，可以将教师分为不同学科或领域的教学小组，如语言教学小组、数学教学小组、艺术教学小组等。每个小组负责相应的教学内容，并通过集体备课、教学研讨等方式来提高教学质量。

同时，幼儿园应鼓励教师之间的合作与交流。这不仅可以共同解决教学中遇到的问题，还能够促进教学团队的协同发展。通过定期的教学经验分享会、教学观摩等活动，教师相互学习、相互启发，从而不断提升整个团队的教学水平。

（三）专业发展与培训

为了保持教师团队的活力和竞争力，幼儿园需要为教师提供专业发展与培训的机会。这包括组织教师参加教育教学理论学习、教学技能培训，以及教育心理学等课程的学习。这些培训活动可以帮助教师掌握先进的教育理念和教学方法，提高他们的教育教学能力。

除了内部培训，幼儿园还应鼓励教师走出幼儿园，参加各类学术研讨会、教育论坛等活动。这不仅可以拓宽教师的视野、汲取行业经验，还能够为幼儿园引入更多的创新理念和教学方法。通过这些专业发展与培训活动，每一位教师都能够在自己的领域内不断突破自我、追求卓越，为孩子提供更优质的教育服务。

三、保育员与后勤人员的配置

（一）保育员的角色与职责

保育员在幼儿园中不仅是照顾者，还是教育者。他们是幼儿在幼儿园中的重要伴侣，负责照顾幼儿的生活起居。这包括帮助幼儿穿衣、洗漱、上厕所等。在饮食方面，保育员要确保食品的卫生与安全，根据幼儿的年龄和营养需求，合理安排他们的膳食，并引导他们养成良好的饮食习惯。

安全防护是保育员工作的重中之重。他们需要时刻保持警惕，预防幼儿发生意外伤害。这包括定期检查幼儿园内的各类设施是否安全，确保没有尖锐的边角或危险的物品被幼儿接触。此外，保育员还要教育幼儿基本的安全知识，如不在走廊奔跑、不随便触摸电器等。

除了生活照顾，保育员还要协助教师进行教育教学活动。他们需要在活动中给予幼儿必要的指导和帮助，确保活动的顺利进行。同时，保育员还要关注每个幼儿的发展情况，及时向教师反馈，以便教师能更有针对性地进行教学。

总的来说，保育员的工作是繁重而细致的。他们需要具备强烈的责任心和爱心，用细心和耐心去呵护每一个幼儿的成长。

（二）后勤人员的角色与职责

后勤人员是幼儿园正常运作的"幕后英雄"。他们的工作虽然不张扬，但对于幼儿园的整体运营至关重要。

在卫生清洁方面，后勤人员需要定期打扫幼儿园的各个角落，确保环境卫生整洁。这不仅包括日常的清扫工作，还包括定期消毒、灭虫等更为细致的工作。他们的努力为幼儿创造了一个干净、舒适的学习环境。

餐饮服务也是后勤人员的重要职责之一。他们需要确保食品的卫生与安全，同时根据幼儿的营养需求来制定合理的菜单。在烹饪过程中，后勤人员还要注重食物的口感和色彩的搭配，以激发幼儿的食欲。

除此之外，物资采购与管理也是后勤人员的一项重要工作。他们需要根据幼儿园的实际需求来采购各类物资，并确保物资的妥善保存和管理。这包括教学用品、日常用品以及各类设施的维护与更新等。

后勤人员的配置应根据幼儿园的规模和实际需求来确定。在分工方面，可以明确每个人的职责范围和工作要求，确保各项后勤工作的有序进行。

（三）团队协作与沟通

保育员和后勤人员之间的团队协作是幼儿园顺利运营的重要保障。他们需要定期召开会议，共同商讨工作中的问题及其解决方案。分享工作经验和解决问题的方式可以加强彼此之间的沟通与协作。

同时，鼓励保育员和后勤人员积极参与幼儿园的各项活动也是提升团队凝聚力的有效途径。这不仅可以增强他们对幼儿园的归属感，还能让他们更加了解彼此的工作内容和需求。

在沟通方面，保育员和后勤人员需要学会倾听和理解对方的需求和困扰。有效沟通可以减少误解和冲突，提高工作效率和团队凝聚力。

（四）专业培训与发展

为了提高保育员和后勤人员的专业素养和工作能力，幼儿园应定期组织专业培训活动。这些培训可以涵盖幼儿护理知识、安全防护技能以及食品卫生规范等方面。

通过专业培训，保育员可以更加科学地照顾幼儿的生活起居，增强安全防护意识。而后勤人员则可以学习更为先进的卫生清洁方法和餐饮服务技巧，提升幼儿园的整体服务质量。

除了专业培训，幼儿园还应关注保育员和后勤人员的个人发展，可以为他们提供更多的晋升机会和激励措施，鼓励他们不断提升自己的专业素养和工作能力。同时，定期的评估和反馈机制可以帮助他们认识到自己的优点和不足，制定更为明确的发展目标。

四、其他支持性岗位的设置与人员安排

（一）行政管理人员

行政管理人员在幼儿园中扮演着"大管家"的角色。他们的工作涉及文件管理、会议组织以及人事管理等方面，是确保幼儿园日常行政工作顺利进行的关键人物。

在文件管理方面，行政管理人员需要建立完善的档案系统，确保各类文件的准确归档和及时检索。这包括幼儿的个人档案、教职工的人事档案以及幼儿园的各项规章制度等。科学的管理方法可以提高工作效率并保障信息安全。

会议组织也是行政管理人员的一项重要职责。他们需要定期筹备和组织各类会议，如教职工大会、家长座谈会等。在会议筹备过程中，行政管理人员需要与各方沟通协调，确保会议的顺利进行。同时，他们还要负责会议记录和纪要的撰写工作，以便后续跟进和落实。

在人事管理方面，行政管理人员需要负责教职工的招聘、培训、考核以及薪酬福利等工作。他们需要建立完善的人事管理制度和激励机制，以吸引和留住优秀人才。公正、透明的考核方式可以激发教职工的工作积极性和创造力。

（二）财务人员

财务人员是幼儿园财务管理的"守门员"。他们需要精通财务知识和相关法规政策，确保幼儿园的财务状况清晰透明。这包括日常的账务处理、预算编制以及财务分析等方面的工作。

在账务处理方面，财务人员需要严格按照会计准则进行记账和核算工作。他们需要确保每一笔账目的准确无误，并及时编制财务报表，以供管理层决策参考。同时，财务人员还要负责税务申报和审计工作并与相关部门进行良好的沟通与协调。

预算编制是财务人员的一项重要职责。他们需要根据幼儿园的发展战略和实际需求来制订合理的预算方案。预算编制和执行过程中的监控与调整措施可以确保幼儿园财务资源的合理分配和有效利用。

此外，财务人员还要进行财务分析工作，以评估幼儿园的经营状况和财务风险。他们需要通过对比分析和趋势预测等方法为管理层提供有价值的决策依据和建议。

为了确保幼儿园财务管理的规范化和高效化，财务人员需要不断学习和更新自己的知识体系，以适应不断变化的市场环境和政策法规要求。

（三）保健医

保健医是幼儿园中的"守护者"。他们负责制定和执行幼儿园的健康与安全管理制度，确保幼儿在园内的健康与安全得到充分保障。

首先，保健医需要定期对幼儿进行健康体检。通过与专业医疗机构的合作，他们可以为幼儿提供全面的健康检查服务，并及时发现和处理潜在的健康问题。同时，他们还要根据幼儿的年龄和身体状况制订合理的饮食和运动计划以促进幼儿的健康成长。

其次，安全教育是保健医的另一项重要职责。他们需要通过组织各类安全教育活动来增强幼儿的安全意识和自我保护能力。这包括防火、防溺水、防触电等方面的知识普及和实践操作演练等活动。这些活动可以让幼儿更好地认识到安全的重要性并学会如何在紧急情况下保护自己。

最后，在处理突发事件和安全隐患方面，保健医需要保持高度的警惕性和应变能力。他们需要建立完善的应急预案和处理机制，确保在突发事件发生时能够迅速响应并妥善处理。同时，他们还要定期对幼儿园内的各类设施进行检查和维护工作，以及时发现并消除安全隐患。

总的来说，保健医的工作是幼儿园运营中不可或缺的一环。他们的努力为幼儿的健康成长提供了坚实的保障。

第三章　幼儿园的日常运营管理

第一节　教学计划的制订与执行

幼儿园的教学计划是日常运营管理中的重要组成部分,它不仅关系教学质量,还直接影响幼儿的全面发展。因此,制订科学合理的教学计划,并严格执行和监控,对于幼儿园的长远发展至关重要。

一、教学计划的制订流程

(一)分析幼儿发展需求与特点

在制订教学计划之前,首先要对幼儿的发展需求和特点进行深入的分析。这包括了解幼儿的年龄段特点、认知水平、兴趣爱好等,以便为幼儿提供适合他们发展的教学内容和方法。同时,还需要考虑幼儿的个体差异,确保教学计划能够满足不同幼儿的发展需求。

(二)确定教学目标与内容

在分析幼儿发展需求的基础上,接下来需要确定教学目标和内容。教学目标应该明确、具体,包括知识掌握、能力培养、情感态度等方面。教学内容则需要根据教学目标来选择,既要符合幼儿的认知水平,又要具有趣味性和启发性,以激发幼儿的学习兴趣和积极性。

(三)制订详细的教学计划

在确定了教学目标和内容后,就可以开始制订详细的教学计划了。教学计划应该包括教学时间、教学内容、教学方法、教学资源等方面。同时,还需要考虑教学过程中的师生互动、幼儿实践操作等环节,以确保教学效果。此外,教学计划还需要具有一定的灵活性，以便根据实际情况进行调整和优化。

（四）征求意见与完善计划

初步完成教学计划后，应该广泛征求意见和建议，包括教师、家长和专家的意见和建议。集思广益可以进一步完善教学计划，确保其更加科学、合理。同时，还可以增强教师、家长和幼儿园之间的沟通与合作，为教学计划的顺利实施奠定基础。

二、教学计划的执行与监控

（一）严格执行教学计划

教学计划一旦制订，就必须严格执行。教师要按照教学计划进行备课、上课、布置作业等活动，确保教学内容的完整性和连贯性。同时，教师还要关注幼儿的学习情况，及时调整教学方法和策略，以满足幼儿的学习需求。此外，幼儿园还要加强对教学计划的监督和管理，确保教学计划得到有效执行。

（二）定期评估教学效果

为了检验教学计划的执行效果，幼儿园需要定期进行教学评估。评估内容包括幼儿的学习成果、教师的教学质量、教学计划的合理性等方面。评估可以及时发现教学中存在的问题和不足，为教学计划的调整和优化提供依据。同时，教学评估还可以激励教师不断提高教学水平，促进幼儿的全面发展。

（三）及时调整与优化教学计划

在教学计划执行过程中，难免会遇到各种问题和挑战。因此，幼儿园需要及时调整和优化教学计划，以适应实际情况的变化。这包括根据幼儿的学习情况调整教学内容和方法、优化教学资源配置、加强师生互动等环节。不断调整和优化教学计划可以确保教学质量和效果达到预期目标。同时，还可以提高教师的教学积极性和创新能力，为幼儿园的长远发展注入新的活力。

第二节　日常活动安排与协调

幼儿园作为儿童成长的重要场所，其日常活动的安排与协调至关重要。合理的活动安排不仅能够促进孩子的全面发展，还能确保幼儿园运营的有序和高效。本节将从日常活动安排的原则及活动的协调与优化两个方面进行详细探讨。

一、日常活动安排的原则

（一）科学性原则

幼儿园作为孩子成长的摇篮，其日常活动的安排至关重要。科学性原则是指导活动安排的首要准则。它要求幼儿园必须遵循儿童身心发展的规律，并以科学的教育理念为基础，为孩子打造一个既有趣又有益的成长环境。

儿童身心发展是一个复杂而有序的过程，它涉及认知、情感、社会性等方面。因此，在设计日常活动时，幼儿园应充分考虑这些因素，确保活动能够全面促进孩子的成长。例如，针对不同年龄段的孩子，幼儿园需要设计不同难度的游戏和活动。对于小班的孩子，可以选择一些简单的动手游戏，如搭积木、拼图等，以培养他们的手眼协调能力和初步的逻辑思维能力；而对于大班的孩子，则可以设计一些更为复杂的团队合作游戏或科学实验，以提升他们的社会交往能力和科学探究能力。

除了考虑儿童的身心发展规律，科学性原则还要求幼儿园注重活动的综合性与趣味性。综合性意味着活动应涵盖多个领域的知识和技能，如语言、数学、科学、艺术等，以帮助孩子全面发展。而趣味性则是激发孩子参与热情的关键。一个充满趣味的活动能够吸引孩子的注意力，让他们在快乐中学习，从而取得更好的学习效果。

活动的安排还要考虑季节、天气等自然因素。在夏季，幼儿园可以利用户外场地，为孩子安排更多的户外活动，如接力赛等，让他们在阳光下尽情玩耍，享受运动的乐趣。而在冬季，考虑到天气寒冷，幼儿园可以适当增加室内活动，如室内体操、手工制作等，保证孩子的温暖和健康。

此外，科学性原则还体现在对活动时间的合理安排上。幼儿园应根据孩子的生理节律等特点，合理安排活动的开始和结束时间，避免让孩子在过度疲劳或饥饿的状态下参与活动。

总之，遵循科学性原则进行幼儿园日常活动的安排，是确保孩子健康成长的关键。幼儿园应时刻以儿童为中心，关注他们的身心发展需求，为他们打造一个科学、有趣、全面的成长环境。

（二）灵活性原则

在幼儿园日常活动的安排中，灵活性原则同样占据着举足轻重的地位。与计划性相辅相成，灵活性确保了活动安排能够随时根据孩子的实际情况和兴趣点进行调整，从而更好地满足他们的成长需求。

孩子的兴趣和注意力是多变的，他们可能对某个特定主题或活动产生浓厚的兴趣，也可能因为某些原因对原本计划的活动失去兴趣。因此，教师需要具备敏锐的观察力和灵活的应变能力，及时调整活动内容和形式，以激发孩子的学习兴趣和积极性。例如，当发现孩子对恐龙特别感兴趣时，教师可以迅速调整原计划，组织一次以恐龙为主题的活动，如恐龙化石挖掘、恐龙模型制作等，让孩子在动手操作和亲身体验中深入了解恐龙的世界。

除了根据孩子的兴趣调整活动内容，灵活性原则还要求幼儿园能够对突发事件做出迅速而有效的应对。幼儿园中难免会遇到各种突发情况，如恶劣天气、设备故障等。这时就需要幼儿园灵活调整活动计划，确保孩子的安全和健康。例如，在遇到恶劣天气时，幼儿园可以将户外活动改为室内进行，或者利用多媒体资源为孩子开展一次生动的科普讲座。

要实现灵活性原则，教师需要具备良好的专业素养和创新能力。他们需要不断学习和探索新的教学方法和活动形式，以适应孩子不断变化的需求。同时，幼儿园也应为教师提供充分的支持和资源，鼓励他们勇于创新和实践，为孩子创造更加丰富多彩的学习环境。

（三）多样性原则

在幼儿园教育中，多样性原则是一个设计日常活动时需要着重考虑的方面。

孩子天生好奇、活泼，他们的兴趣爱好广泛且多变。因此，为了满足不同孩子的需求，日常活动的安排应尽可能多样化。

除了传统的唱歌、跳舞、画画等活动，幼儿园可以引入更多具有创新性和探索性的活动。例如，科学实验活动可以让孩子亲自动手进行实验，感受科学的奥秘；手工制作活动可以培养孩子的动手能力和创造力；户外探险活动则可以让孩子接触自然、了解自然。这些多样化的活动不仅能激发孩子的好奇心和探索欲，还能让他们在参与过程中学习新知识、新技能。

同时，多样性的活动安排还有助于培养孩子的团队协作能力和社交技能。在多样化的活动中，孩子有机会与不同背景、不同性格的伙伴一起合作、交流，从而培养他们的沟通能力和团队协作精神。例如，在团队游戏中，孩子需要共同制定策略、互相配合才能取得胜利；在角色扮演活动中，孩子需要学会换位思考、理解他人。这些经历对他们的未来发展具有重要意义。

为了实现多样性原则，教师需要不断学习和探索新的活动形式和内容，以满足孩子不断变化的兴趣和需求。同时，幼儿园也应为教师提供必要的支持和资源，如专业培训、教学材料等，以确保教师能够设计丰富多样的活动。

（四）连贯性原则

在幼儿园日常活动的安排中，连贯性原则是确保教育质量和学习效果的关键因素。这一原则强调各项活动之间应相互衔接、相辅相成，形成一个系统化、有序化的教学体系。

连贯性原则的实现首先要求教师在设计活动时，充分考虑活动之间的内在联系和逻辑关系。这意味着教师需要根据教育目标和孩子的认知发展规律，精心策划和组织一系列具有逻辑连贯性的教学活动。例如，在教授孩子认识动物的主题活动中，教师可以通过分类介绍不同动物的特点和生活习性，逐渐引导孩子深入了解动物的生态环境和保护意义。这样的连贯性教学不仅能帮助孩子系统地掌握知识，还能培养他们的逻辑思维能力和对事物的深入理解能力。

除了教学活动之间的连贯性，连贯性原则还要求教师在日常活动中保持教育目标和教学方法的一致性。这意味着教师需要明确每个活动的教育目的，并选择恰当的教学方法来实现这些目的。例如，在培养孩子的创造力时，教师可以通过提供丰富的材料和情境，鼓励孩子自由发挥想象力和创造力，同时引导他们学会分享和合作。这样的教学方法不仅有助于孩子创造力的培养，还能促进他们社交技能和团队协作能力的发展。

为了实现连贯性原则，教师需要具备全局观念和系统思维，能够整体规划教学内容和活动安排。同时，教师还需要密切关注孩子的学习进度和反馈，及时调整教学策略和活动形式，以确保教育的连贯性和有效性。通过遵循连贯性原则，教师可以为孩子打造一个有序、高效的学习环境，促进他们的全面发展。

二、活动的协调与优化

（一）教师之间的协调

在幼儿园的教育环境中，教师间的协调至关重要，它关乎教学活动的连贯性和教育质量。由于每位教师可能负责不同的教学活动或特定的班级，因此，如何确保这些活动能够顺利进行，如何避免教学内容的冲突或重复，就显得尤为重要。

教师之间的沟通与协调首先需要通过定期的教师会议来实现。这些会议不仅是简单的信息交流，更是教育思想、教学方法的碰撞与融合。在会议中，每位教师可以分享自己在教学中的心得和体会，提出遇到的问题和困惑，共同商讨解决策略。这种集体的智慧，不仅可以提升教师的教学水平，还能增强团队协作能力，为孩子提供更加全面、连贯的教育。

除了定期的会议，教师之间还需要共享教学资源和经验。每个教师都有自己的教学特色和长处，资源的共享可以使教学内容更加丰富多彩，教学方法更加多样化。例如，有的教师擅长音乐教育，就可以分享自己的音乐教学经验；有的教师善于组织户外活动，就可以提供自己的活动设计和实施方案。这种资源的共享，不仅可以提高教学效率，还能激发教师的教学热情，促进教师队伍的整体素质提升。

此外，共同制订教学计划也是教师之间协调的重要一环。教学计划是教学活动的指导纲领，它规定了教学的目标、内容、方法和评价标准。如果教师之间在教学计划上存在分歧，那么教学活动就很难顺利进行。因此，教师需要坐下来，共同商讨、制订教学计划，确保每个教学活动都有明确的目标和实施方案，每个班级的教学都能相互衔接、相互配合。

（二）家园之间的协调

家园之间的协调与合作在幼儿园教育中占据着举足轻重的地位。家庭是孩子成长的摇篮，家长是孩子的第一任教师。因此，幼儿园与家庭之间的紧密配合，对于孩子的健康成长至关重要。

为了确保家园之间的有效沟通，幼儿园应建立一套完善的家长沟通机制。这包括定期的家长会、家长学校、家长开放日等活动，让家长能够更深入地了解幼儿园的教育理念、教育方法和教育成果。通过这些活动，家长可以更加明确自己在孩子教育中的角色和责任，从而更好地配合幼儿园的教育工作。

同时，幼儿园也要积极了解孩子在家庭中的表现和需求。这不仅可以通过与家长的日常沟通来实现，还可以通过家访、问卷调查等方式来深入了解。只有充分了解孩子在家庭中的生活和学习情况，幼儿园才能更有针对性地制订教育计划，满足孩子的个性化需求。

家长参与幼儿园组织的各项活动也是家园协调的重要一环。家长可以参与幼儿园的教学活动，如亲子阅读、亲子游戏等。这样不仅可以增强家长与孩子之间的互动和沟通，还能让家长更加了解和支持幼儿园的工作。同时，家长也可以为幼儿园提供志愿服务，如协助组织活动、参与幼儿园的环境布置等，这样既能减轻教师的负担，也能让家长更加深入地了解幼儿园的教育环境。

（三）资源的合理利用与优化

在幼儿园日常活动的协调与优化过程中，资源的合理利用与优化是一个不可忽视的环节。这不仅关系到教育活动的顺利进行，还直接影响到教育质量的高低。

首先，幼儿园要明确资源不仅是指物质资源，还包括人力资源。物质资源（如教室、游乐设施、教材、教具等）是教育活动的基础设施。而人力资源则主要是指教师和保育员等教育工作者，他们是教育活动的核心力量。

在物质资源的利用上，幼儿园要根据教育活动的需求和幼儿的发展特点来合理配置。比如，对于不同年龄段的幼儿，幼儿园需要提供不同种类的玩具和游乐设施，以满足他们的探索欲望和身体发展需求。同时，幼儿园还要注重教材的更新和教具的创新，以保持教育内容的时效性和趣味性。

在人力资源的分配上，幼儿园要充分发挥每位教师和保育员的专业特长和个性优势。比如，有的教师擅长音乐教育，就可以让她负责音乐课程的设计和教学；有的保育员善于与幼儿互动，就可以让她更多地参与幼儿的游戏和活动。这样的人员配置不仅可以提高教育活动的专业性和趣味性，还能激发教育工作者的工作热情和创新能力。

除了物质和人力资源的合理利用，幼儿园还要注重资源的优化。这包括定期对教育设施进行维护保养、更新换代，以确保其安全性和有效性；同时，幼儿园还要加强对教育工作者的培训和学习，以提高他们的专业素养和教育能力。通过这些措施，幼儿园可以不断优化教育资源，提高教育质量。

例如，在实际操作中，幼儿园可以根据天气和季节的变化来调整户外活动的时间和地点，以充分利用自然资源和环境资源；幼儿园还可以根据幼儿的兴趣和需求来调整课程内容和教学方法，以提高教学活动的针对性和实效性。这些具体的优化措施需要幼儿园在实际工作中不断探索和创新。

第三节 资源管理与利用

在幼儿园的日常运营管理中，资源管理与利用是至关重要的一环。它涉及物资、设施、人力资源以及信息与知识资源等方面，对于幼儿园的高效运转和幼儿的全面发展具有重要意义。

一、物资资源的采购与储备

（一）物资采购计划的制订

物资采购是幼儿园运营的基础，而制订科学的采购计划则是第一步。幼儿园应根据自身实际情况，结合教育教学需求和幼儿生活需要，制订合理的物资采购计划。计划应包括物资的种类、数量、规格、预算等内容，以确保采购的物资能够满足幼儿园的各项需求。

（二）供应商的选择与合同签订

选择合适的供应商是确保物资采购质量的关键。幼儿园应通过市场调查和比较，选择信誉良好、产品质量可靠的供应商进行合作。同时，要签订详细的采购合同，明确双方的权利和义务，为后续的物资采购提供法律保障。

（三）物资的验收与入库

物资采购完成后，幼儿园应组织专人对物资进行验收。验收过程中要仔细核对物资的数量、规格、质量等是否与采购计划相符。验收合格的物资应及时入库，并做好相应的库存管理，以确保物资的安全和有效利用。

（四）物资的储备与调配

为了确保幼儿园的正常运营，应做好物资的储备工作。根据物资的特性和使用频率，制定合理的储备策略，确保在需要时能够及时调用。同时，要根据实际情况对物资进行合理调配，以满足不同部门和活动的需求。

二、设施设备的维护与更新

（一）设施设备的定期检查与维护

幼儿园作为孩子成长的摇篮，其设施设备的安全性和可靠性至关重要。为了确保孩子能在一个安全、舒适的环境中学习和生活，幼儿园必须建立严格的设施设备的定期检查与维护制度。

1.定期检查的重要性

定期检查是预防设施设备出现问题的重要手段。设定合理的检查周期，如每周、每月或每季度，对幼儿园内的各类设施设备进行全面的检查，可以及时发现潜在的问题和隐患。这些问题可能包括设备老化、部件松动、电路故障等，如果不及时发现并处理，可能会对孩子的安全构成威胁。

2.维护措施的实施

一旦发现设施设备存在问题，幼儿园应立即采取相应的维护措施。对于小型问题，如螺丝松动、部件磨损等，可以及时紧固或更换部件；对于大型问题，如设备故障、电路问题等，应请专业的维修人员进行检修。此外，幼儿园还应定期对设施设备进行保养，如清洁、润滑等，以确保其处于良好的工作状态。

3.对孩子的影响

设施设备的定期检查与维护不仅对保障孩子的安全至关重要，还能为他们提供一个更加舒适、便捷的学习环境。例如，定期检查和维护教室的照明、通风设备，可以确保孩子在明亮、通风的环境中学习；定期检查和维护游乐设施，可以确保孩子在玩耍时的安全。

此外，定期检查和维护可以延长设施设备的使用寿命，减少浪费和支出。这对于幼儿园的长期运营和发展也是非常有利的。

因此，幼儿园必须高度重视设施设备的定期检查与维护工作，确保每一项设施都能为孩子提供一个安全、舒适的学习环境。

（二）设施设备的更新与升级

随着科技的不断进步和幼儿教育理念的不断更新，幼儿园设施设备的更新与升级显得尤为重要。这不仅是提升教育教学效果的必要手段，也是保障幼儿全面发展、提升幼儿园整体形象和竞争力的关键举措。

1. 科技与教育理念的更新

当今社会，科技的发展日新月异，新的教育理念也层出不穷。在这样的背景下，幼儿园必须紧跟时代步伐，及时更新和升级设施设备，以适应新的教育需求。例如，引入智能化的教学设备，如多媒体投影仪、电子白板等，可以丰富教学手段，提高孩子的学习兴趣；同时，这些设备还可以为教师提供更加便捷、高效的教学工具，从而提升教学质量。

2. 幼儿全面发展的需求

幼儿的全面发展需要多样化的学习环境和丰富的教育资源。通过更新和升级设施设备，幼儿园可以为孩子提供更加多元化、个性化的学习体验。例如，增设科学实验室、艺术创作室等特色教室可以激发孩子的探索精神和创造力；引入各种教育软件可以帮助孩子在游戏中学习新知识，提升他们的综合素质。

3. 提升幼儿园形象和竞争力的需要

一个拥有先进、完善设施设备的幼儿园，往往能够吸引更多的家长和孩子。这不仅有利于提升幼儿园的社会形象和树立口碑，还能在激烈的市场竞争中脱颖而出。因此，幼儿园应该根据自身实际情况和发展规划，合理规划和配置设施设备，以展现其专业性和教育实力。

（三）设施设备的合理使用与保养

幼儿园设施设备的合理使用与保养，是确保幼儿园日常运营顺畅、保障幼儿安全以及延长设备使用寿命的关键环节。为了实现这一目标，幼儿园需要采取一系列措施来规范设施设备的使用和维护。

1. 制定使用规范和保养指南

为了确保设施设备的合理使用，幼儿园应制定详细的使用规范和保养指南。这些规范和指南应明确设备的使用方法、操作步骤、注意事项以及保养周期等内容。培训教职工，确保他们熟悉并掌握这些规范和指南，从而在日常工作中能够正确、安全地使用设施设备。

2. 合理使用设施设备

合理使用设施设备是保障其正常运转和延长使用寿命的前提。幼儿园应鼓励教职工和幼儿在使用设施设备时遵循规范操作，避免过度使用或不当使用导致设备损坏。同时，幼儿园要定期对设施设备进行巡检，及时发现并处理潜在的问题，确保设施设备始终处于良好状态。

3. 加强保养工作

保养工作是确保设施设备长期稳定运行的关键。幼儿园应建立完善的保养制度，明确各类设备的保养周期和保养方法。定期对设施设备进行清洁、润滑、紧固等保养操作，可以有效减少设备的磨损并降低故障率，提高设备的使用效率。

4. 加强幼儿的安全教育

幼儿在使用设施设备时，也需要加强安全教育。幼儿园应通过游戏、故事等形式，向幼儿传授正确的设备使用方法和安全注意事项。同时，教职工在幼儿使用设备时要进行密切监护，确保幼儿能够安全、愉快地学习和玩耍。

三、人力资源的培训与开发

（一）教师培训计划的制订与实施

教师是幼儿园最宝贵的资源，他们的专业素养和教育教学能力直接影响幼儿园的教育质量。因此，为了提高教师的整体素质和业务水平，幼儿园必须制订并实施一套全面而系统的教师培训计划。

首先，要明确培训的目标。这不仅是为了提升教师的专业知识，更重要的是培养他们的教育理念、教学方法和班级管理能力。通过培训，教师能够掌握最新的教育理念，学会运用多样化的教学方法来激发幼儿的学习兴趣，同时具备良好的班级管理能力，为幼儿创造一个和谐、有序的学习环境。

接下来是培训内容的选择。培训内容应涵盖教育教学理论、教学技能、幼儿心理学、班级管理等方面。例如，可以组织教师学习《3-6岁儿童学习与发展指南》，了解各年龄段幼儿的发展特点和学习方式；观摩优秀教师的教学活动可以学习如何设计和组织有趣、有效的教学活动；同时，还可以邀请专家进行专题讲座，为教师提供幼儿心理学和班级管理方面的指导。

在培训方式上，应注重理论与实践相结合。除了传统的讲座式培训，还可以采用工作坊、案例分析、角色扮演等形式，让教师在参与中学习，在学习中提升。

此外，还可以利用现代科技手段，如网络课程、在线教育平台等，为教师提供更加灵活、便捷的学习途径。

培训时间也是培训计划中需要考虑的重要因素。为了确保培训效果，应合理安排培训时间，避免与教师的日常工作产生冲突。可以选择在寒暑假、周末或业余时间进行集中培训，也可以采用分散式培训方式，将培训内容融入教师的日常工作中。

最后，要确保培训计划的实施与监督。幼儿园应成立专门的培训小组，负责培训计划的制订、组织和实施。同时，幼儿园要建立完善的培训考核机制，对教师的培训成果进行评估和反馈，以便及时调整和优化培训计划。

制订与实施全面而系统的教师培训计划可以不断提升教师的专业素养和教育教学能力，为幼儿园培养更多优秀的教师人才，从而提高幼儿园的整体教育质量。

（二）教师职业发展规划与指导

教师的职业发展是幼儿园人力资源管理的重要组成部分。为了促进教师的个人成长和职业进步，幼儿园需要为教师提供个性化的职业规划指导，并创造多元化的职业发展机会。

首先，幼儿园应与教师进行一对一的职业发展谈话，了解他们的职业目标、兴趣和发展需求。深入交流可以帮助教师明确自己的职业定位和发展方向，制订符合个人特点的职业发展规划。

其次，幼儿园应为教师提供多元化的职业发展机会和平台。这包括参加各类教育培训、学术交流活动，以及承担更多的教学和管理责任。例如，可以鼓励教师参与课题研究、教材编写等工作，提升他们的研究能力和专业素养。同时，幼儿园还可以与其他教育机构或企业建立合作关系，为教师提供实践和拓展的机会。

此外，幼儿园应注重激发教师的职业发展动力和创新精神。可以通过设立奖励机制，表彰在教学、管理等方面作出突出贡献的教师。同时，鼓励教师积极参与教育教学改革，提出创新性的教学理念和教学方法。

在提供职业发展指导的过程中，幼儿园还应关注教师的心理健康和工作压力。建立心理咨询和支持机制可以帮助教师有效应对职业挑战和压力，保持积极向上的职业态度。

（三）员工激励机制的建立与完善

为了激发幼儿园教职工的工作积极性和创造力，提高教职工的工作满意度和归属感，幼儿园应建立并不断完善员工激励机制。这一机制旨在通过合理的薪酬福利政策、晋升机会、奖励措施以及人文关怀等方式，全面激发教职工的工作热情和创新精神。

首先，幼儿园应制定具有竞争力的薪酬福利政策。这不仅包括基本工资、绩效奖金等直接薪酬，还应考虑提供完善的福利体系，如健康保险、带薪休假、节日福利等。合理的薪酬福利政策可以保障教职工的基本生活需求，提高他们的工作满意度。

其次，幼儿园应为教职工提供广阔的晋升机会。这可以通过设立明确的晋升通道和职位晋升标准来实现。例如，可以设立教学骨干、教研组长、年级主任等职位，让有能力的教职工有机会承担更多的责任和挑战。同时，幼儿园还可以鼓励教职工参与各类培训和进修课程，提升他们的专业素养和管理能力，为晋升做好充分准备。

此外，幼儿园应设立多样化的奖励措施。这可以包括优秀教职工奖、教学创新奖、班级管理奖等。表彰在教学、管理等方面作出突出贡献的教职工可以激发他们的荣誉感和自豪感，进而提高工作积极性。同时，幼儿园还可以定期组织团建活动或旅游奖励等，增强教职工的归属感和团队精神。

除了上述物质层面的激励外，幼儿园还应注重对教职工的人文关怀和心理疏导。这可以通过定期举办座谈会、心理咨询活动等方式来实现。在这些活动中，幼儿园可以了解教职工的工作和生活状况，帮助他们解决遇到的问题和困难。同时，心理疏导和关怀可以减轻教职工的工作压力和负面情绪，提高他们的工作幸福感和满意度。

（四）团队建设与协作能力的提升

在幼儿教育中，团队建设的重要性不言而喻。一个高效、协作的团队能够提供更好的教育服务，促进幼儿的全面发展。因此，幼儿园需要注重团队建设，提升教职工之间的协作能力。

首先，要加强团队内部的沟通与协作能力培训。定期组织团队建设活动（如户外拓展、角色扮演等）可以增进教职工之间的了解和信任。这些活动可以帮助教职工学会如何更好地与他人合作，提高团队协作效率。同时，培训中还可以引入一些沟通技巧和协作方法，让教职工在实际工作中能够更好地运用。

其次，组织多样化的团队活动也是提升团队协作能力的有效途径。幼儿园可以定期举办各类团队活动，如教学研讨会、经验分享会等，为教职工提供一个交流学习的平台。在这些活动中，教职工可以分享自己的教学经验和班级管理技巧，相互学习、共同进步。此外，还可以组织一些文体活动或庆祝活动，增强团队的凝聚力和向心力。

除了上述措施，幼儿园还应鼓励教职工之间的知识分享和经验交流。建立内部知识共享平台或定期举办教学沙龙等活动，可以促进教职工之间的知识传递和经验借鉴。这不仅可以提高整个团队的专业素养和教学水平，还有助于营造良好的团队学习氛围。

最后，要注重团队精神的培育。团队精神是团队建设的核心，它能够让教职工更加紧密地团结在一起，共同为幼儿园的发展贡献力量。幼儿园可以通过制定明确的团队目标和愿景来激发教职工的团队精神。同时，要注重对教职工的关怀和支持，让他们在团队中感受到温暖和归属感。

四、信息与知识资源的整合与共享

（一）教育信息化平台的建设与应用

随着信息技术的迅猛发展，教育信息化已经成为当今教育领域的重要趋势。对于幼儿园而言，积极推进教育信息化进程，不仅能够提升教育教学的效果和质量，还能够让孩子有更加丰富多彩的学习体验。因此，建设一个功能完善、操作便捷的教育信息化平台（简称"平台"）显得尤为重要。

平台的建设应从数字化、网络化和智能化管理三个方面入手。首先，实现教学资源的数字化是平台建设的基础。将教材、教案、教学视频等教学资源进行数字化处理，不仅方便了教职工和家长的获取和使用，还使得教学资源得到了更有效地保存和管理。数字化教学资源可以随时随地进行访问，大大提高了教学的灵活性和便捷性。

其次，网络化是平台建设的另一重要方向。网络技术将数字化教学资源相互连接起来，形成一个庞大的教学资源网络。教职工和家长可以通过互联网随时随地访问平台，获取所需的教学资源和信息。这种网络化的教学方式打破了时间和空间的限制，使得教学方法更加灵活多样。

最后，智能化管理是平台建设的核心。引入先进的人工智能技术，对教学资源进行智能推荐、智能分类和智能检索等处理，为教职工和家长提供更加个性化的教学服务。同时，平台还可以对学生的学习情况进行分析和评估，为教师提供更加精准的教学建议，从而提升教学效果。

平台的应用也是至关重要的。教职工可以通过平台获取丰富的教学资源和育儿知识，提高自身的专业素养和教学能力。同时，他们还可以利用平台进行课程设计和教学准备，从而提供更加优质的教学服务。家长则可以通过平台了解孩子在幼儿园的学习和生活情况，与教师进行及时沟通和交流，共同促进孩子的健康成长。

此外，平台还可以为幼儿园提供更加便捷的管理工具。通过平台，幼儿园可以实现对教职工、学生和教学资源等的全面管理，提高工作效率和管理水平。同时，平台还可以为幼儿园提供数据分析功能，帮助幼儿园更好地了解学生的学习和生活情况，为改进教学方法和提高教育质量提供有力支持。

（二）知识资源的整合与分类

在快速发展的信息时代，知识资源的整合与分类显得尤为重要。对于幼儿园来说，这项工作不仅关乎教学质量，更关乎孩子的全面发展。因此，幼儿园应高度重视知识资源的整合与分类工作。

知识资源的整合的首要任务是广泛收集和精心整理各类教育资料。这些资料可以包括经典的教育理论、实践案例、教学方法、活动设计等。通过全面的资源整合，幼儿园能够形成一个系统、完整的知识库，为教职工提供丰富的教学素材和教学参考。

同时，对知识资源进行分类管理是必不可少的环节。幼儿园应根据不同的主题和领域，如语言、数学、科学、社会、艺术等，对知识资源进行细致的分类。这样不仅方便教职工快速找到所需资料，提高教学效率，还有助于他们系统地了解和掌握各个领域的教学内容和方法。

　　在整合与分类的过程中，幼儿园还需注重资源的更新和优化。随着教育理念和教学方法的不断进步，幼儿园应及时更新知识库，引入新的教学资源，确保教学内容的时效性和前瞻性。同时，对资源的不断优化可以剔除过时或低效的教学资料，提升知识库的整体质量。

　　除了教学资源，幼儿园还可以整合与分类各种教育相关的辅助资料，如教育政策、教育心理学、儿童发展等方面的资料。这些资料能够帮助教职工更深入地了解教育领域的最新动态，提升他们的专业素养和教学能力。

（三）资源共享机制的建立与完善

　　为了实现幼儿园资源的高效利用，提升教育质量，并促进教职工之间的交流与合作，建立完善的资源共享机制显得尤为重要。这一机制的建立，旨在鼓励教职工和家长积极参与资源共享活动，降低教学成本，同时提高资源的利用效率。

　　首先，资源共享机制的建立需要明确共享的规则和流程。幼儿园应制定详细的资源共享政策，明确哪些资源可以共享、如何共享，以及共享的条件和限制。同时，应建立一套简单易行的共享流程，让教职工和家长能够方便快捷地参与资源共享。

　　其次，资源共享机制的完善还需要加强对共享资源的管理和维护工作。幼儿园应设立专门的资源共享管理平台，对共享资源进行统一的收集、整理、分类和存储。同时，要定期对共享资源进行更新和优化，确保其质量和安全性。

　　最后，对于积极参与资源共享的教职工和家长，幼儿园应给予一定的奖励和鼓励，以激发他们参与资源共享的积极性。

　　通过资源共享机制的建立与完善，幼儿园可以实现资源的高效利用和共享，降低教学成本，提高教育教学效果。同时，资源共享还可以促进教职工之间的交流与合作，推动幼儿园教育教学的创新发展。在实际操作中，幼儿园可以结合自身的实际情况和特点，灵活调整和完善资源共享机制，以更好地服务于教育教学工作。

　　为了更好地实施资源共享，幼儿园还可以定期举办资源共享交流会或研讨会等活动，为教职工和家长提供一个交流和学习的平台。通过这些活动，大家可以分享自己的教学资源和经验，学习他人的优秀教学实践，从而不断提升自身的教育教学水平。同时，这也有助于增强幼儿园的凝聚力和向心力，推动幼儿园的整体发展。

第四章 幼儿园的人力资源管理

第一节 教师团队建设与管理

一、选拔与招聘合格的教师

（一）明确选拔标准与要求

在选拔与招聘合格的教师过程中，首先要明确选拔的标准与要求。这包括对应聘者的教育背景、专业技能、教学经验以及个人品质等方面的综合考量。设定明确的选拔标准，能够确保招聘的教师具备从事幼儿教育工作所需的基本素质和能力，从而为幼儿园的教学质量提供有力保障。

（二）采用多元化的招聘渠道

为了吸引更多优秀的教师加入幼儿园团队，应采用多元化的招聘渠道。这包括校园招聘、社会招聘、内部推荐等方式。校园招聘可以吸引更多年轻的、有活力的"新鲜血液"加入团队；社会招聘则可以广泛吸纳具有丰富教学经验的优秀教师；内部推荐则能够激发员工的归属感和参与感，提高团队的凝聚力。

（三）严格考核与面试流程

在选拔与招聘过程中，应制定严格的考核与面试流程。这包括对应聘者的简历筛选、笔试、面试等环节。全面、客观的考核方式能够更准确地评估应聘者的实际能力和教学水平，从而选拔真正适合幼儿教育的优秀人才。

二、构建积极向上的团队文化

（一）树立共同的教育理念

构建积极向上的团队文化，首先需要树立共同的教育理念。这包括对幼儿教育的认识、对教学方法的认同以及对教育目标的追求等方面的共识。共同的教育理念能够引导团队成员形成统一的思想和行动，促进团队的和谐与发展。

（二）营造良好的团队氛围

积极向上的团队文化需要营造良好的团队氛围。这包括建立相互尊重、平等交流的工作环境，鼓励团队成员之间的合作与分享，以及提供必要的支持和帮助。良好的团队氛围能够激发团队成员的工作热情和创造力，提高团队的凝聚力和执行力。

（三）定期组织团队建设活动

为了加强团队成员之间的沟通与协作，应定期组织团队建设活动。这些活动可以包括户外拓展、团队训练、文艺演出等多种形式。团队建设活动能够增进团队成员之间的了解和信任，培养团队合作精神和集体荣誉感，从而推动团队的共同发展。

（四）建立有效的激励机制

构建积极向上的团队文化还需要建立有效的激励机制。这包括对团队成员的优秀表现给予及时的认可和奖励，提供晋升和发展的机会，以及关注团队成员的个人成长和职业规划等方面。有效的激励机制能够激发团队成员的积极性和创造力，推动团队的可持续发展和进步。

三、教师专业发展与学习共同体建设

（一）制订教师专业发展计划

首先，制订教师专业发展计划需要深入了解每位教师的教学经验、教育背景、教学风格以及个人职业规划等信息。与教师进行面对面的沟通可以获取更准确的信息，从而为他们制订更为贴切的发展计划。此外，还可以利用教学观察、学生反馈以及教学成果评估等方式，全面了解教师的教学水平和专业发展需求。

在制订发展计划时，应明确具体的培训和学习目标。这些目标应该既具有挑战性又可实现，以激发教师的学习动力。针对教师的不同需求，可以制定个性化的培训内容，如教学方法改进、课堂管理技巧、教育心理学等。同时，为了保持教师的可持续发展动力，还可以设定一系列阶段性目标，让教师在逐步实现目标的过程中不断获得成就感。

除了制订培训和学习计划，还需要提供必要的资源和支持。这包括学习材料、在线课程、实践机会等。为了确保教师能够充分利用这些资源，可以建立专门的学习平台或提供学习指导，帮助教师更高效地学习。此外，还可以为教师提供教学辅导、心理咨询等支持，以解决他们在学习过程中遇到的问题和困惑。

最后，定期评估和调整发展计划是确保计划有效性的关键。定期与教师进行反馈和沟通，可以及时了解计划的执行情况以及教师的学习进展。根据评估结果，可以对计划进行相应的调整，以更好地满足教师的专业发展需求。同时，还可以设立奖励机制，对表现优秀的教师进行表彰和奖励，以激励他们继续努力提升自己的专业素养。

（二）建立学习共同体机制

学习共同体是一个由学习者及其助学者共同构成的团体，他们彼此之间经常在学习过程中进行沟通、交流，分享各种学习资源，共同完成一定的学习任务，因而在成员之间形成了相互影响、相互促进的人际关系。

首先，要定期组织教师之间的交流和分享活动。这些活动可以是定期的教学研讨会、教学经验交流会、教学观摩等。通过这样的活动，教师可以分享自己的教学经验，交流在教学中遇到的问题以及解决方法，从而提升整个团队的教学水平。同时，这也有助于形成积极向上的学习氛围，激发教师的学习热情。

其次，要鼓励教师之间的合作与互助。在教学中，每个教师都有自己的长处和短处，合作与互助可以实现优势互补，共同提高。例如，通过组建教学团队，教师共同备课、研讨教学方法或进行课题研究等。这样不仅可以提高教学效果，还能增强教师之间的凝聚力和团队精神。

最后，提供必要的学习资源和平台也是建立学习共同体机制的重要一环。幼儿园可以建立专门的教学资源库，收集优秀的教学案例、课件、教案等，供教师参考和学习。同时，还可以利用现代信息技术，建立在线学习平台，使教师能够随时随地进行学习和交流。

（三）开展多样化的学习活动

为了丰富教师的专业知识和提高教学能力，开展多样化的学习活动是至关重要的。这些活动旨在拓宽教师的视野，让他们接触更多的教育理念和教学方法，从而提高教学水平。同时，这些活动还能为教师提供一个展示自己才华的平台，增强他们的自信心和归属感。

首先，可以定期组织专题讲座和研讨会。邀请教育领域的专家、学者或优秀教师来园举办讲座或研讨会，让教师了解最新的教育理念、教学方法和教育政策等。这样的活动不仅能够帮助教师及时更新教育观念，还能为他们提供与专家面对面交流的机会，解决教学中的困惑和问题。

其次，开展观摩课活动也是一种有效的学习方式。通过观摩其他优秀教师的教学过程，教师可以直观地学习到不同的教学方法和课堂管理技巧。在观摩过程中，教师还可以相互交流和讨论，共同提高教学水平。此外，也可以鼓励教师上公开课，让他们有机会展示自己的教学才华，并接受同行的评价和建议。

除了以上两种活动形式，还可以开展教学比赛、课题研究等多样化的学习活动。教学比赛可以激发教师的教学热情和创新精神，让他们在比赛中不断挑战自己，提升教学水平。课题研究则可以让教师深入研究某一教学问题或领域，提高他们的研究能力和专业素养。

在开展多样化的学习活动过程中，还需要注意以下几点：一是要确保活动的针对性和实效性，根据教师的实际需求和发展目标来策划和组织活动；二是要注重活动的参与性和互动性，鼓励教师积极参与和分享自己的经验和见解；三是要建立有效的反馈机制，及时总结活动成果和不足之处，为后续的活动提供参考和改进方向。

第二节 员工培训与发展

一、新员工入职培训与适应

（一）新员工入职培训的重要性

新员工入职培训是幼儿园人力资源管理中不可或缺的一环。新员工初入幼儿园，对于工作环境、工作内容、工作规范等都需要一个适应过程。入职培训可以帮助新员工更快地了解幼儿园的文化氛围、规章制度、教学理念和教育方法，从而更好地融入团队，开始新的工作。

入职培训还能增强新员工对幼儿园的认同感和归属感，提高其工作积极性和工作效率。同时，通过培训中的互动交流，新员工还可以与其他新同事建立联系，为今后的团队合作打下基础。

（二）新员工入职培训的内容

新员工入职培训的内容应全面而具体，包括但不限于以下几个方面。

（1）幼儿园文化与价值观。向新员工介绍幼儿园的文化与价值观，让其了解并认同幼儿园的文化理念。

（2）规章制度与工作流程。详细讲解幼儿园的规章制度、工作流程和安全规范，确保新员工明确自己的工作职责和操作要求。

（3）教育理念与教学方法。介绍幼儿园的教育理念、教学方法和评价机制，帮助新员工理解并掌握幼儿园的教育教学要求。

（4）团队建设与沟通技巧。团队建设活动和沟通技巧培训可提升新员工的团队协作能力和沟通能力。

（三）新员工适应期的支持与引导

新员工在入职初期往往需要一个适应期来熟悉和掌握新的工作环境和任务。为了帮助他们更好地适应新的工作环境，幼儿园可以采取以下措施。

（1）导师制度。为新员工分配一位经验丰富的导师，提供一对一的指导和帮助。

（2）定期跟进。人力资源部门或直线领导应定期与新员工沟通，了解他们的工作情况和遇到的困难，及时提供支持和解决方案。

（3）提供资源。确保新员工能够获得所需的教学资源和工具，以便他们更好地完成工作。

（4）鼓励反馈。鼓励新员工提供对幼儿园工作环境、流程和政策的反馈意见，以便不断优化和改进。

二、在职员工的继续教育与技能提升

（一）继续教育的意义

随着社会的快速发展和时代的不断进步，教育理念也在持续更新，教学方法和手段也日益丰富多样。在这一背景下，幼儿园教师的继续教育显得尤为重要。继续教育并非简单的知识更新，而是一个全面、系统、持续的学习过程，旨在帮助教师保持其教育教学水平的专业性和前瞻性。

对于幼儿园教师而言，继续教育是他们个人职业发展的关键。教育是一个需要不断创新和学习的领域，教师只有通过持续学习，才能跟上时代的步伐，不断提高自己的专业素养和教学技能。这不仅有助于提升教师的自我价值，也能使他们在面对幼儿教育的各种挑战时更加从容和自信。

同时，继续教育对于幼儿园整体教学质量的提升也起着至关重要的作用。教师是幼儿园教育的核心力量，他们的专业素养和教学能力直接影响着幼儿园的教学质量。通过继续教育，教师可以不断吸收新的教育理念，掌握更科学的教学方法，从而在教学实践中更有效地促进幼儿的全面发展。这不仅有利于提升幼儿园的社会声誉和竞争力，更能为孩子提供一个更优质、更科学的学习环境。

（二）技能提升的途径

为了保持教师队伍的专业性和前瞻性，幼儿园应积极为在职员工提供多种技能提升的途径。

首先是内部培训。幼儿园可以定期组织内部培训活动。这是提升教师技能的重要途径之一。邀请教育专家、资深教师或优秀的同行来园举办讲座、示范教学和经验分享，可以让教师接触最新的教育理念、教学方法和班级管理技巧，不仅能够及时解决教师在实际工作中遇到的问题，还能激发教师的创新思维，促进园内教育教学水平的整体提升。

其次是外部研修。鼓励员工参加外部研修课程和学术研讨会，是拓宽教师视野、更新教育观念的有效途径。通过与来自不同地区、不同背景的教育工作者交流，教师可以了解更多的教育实践案例，学习更为先进的教育教学方法。这种跨地域、跨文化的学习体验，有助于教师形成更加开放、多元的教育观念，提升他们的教育创新能力。

最后是利用在线学习资源。幼儿园可以利用网络平台（如慕课、微课等）为教师提供灵活多样的学习选择。教师可以根据自己的实际情况进行自主学习，不断提升自己的专业素养和教学能力。

（三）实践锻炼与经验分享

对于幼儿园教师来说，单纯的理论学习是远远不够的，实践锻炼才是检验和提升教学技能的关键。因此，幼儿园应该为教师提供充足的实践机会，让他们在实际教学中不断磨炼和提升自己的技能。

课堂教学观摩是一种非常有效的实践锻炼方式。通过观摩其他优秀教师的教学过程，教师可以直观学习先进的教学方法和课堂管理技巧，同时能发现自己的不足之处，从而有针对性地进行改进。此外，教学案例分析也是一种非常实用的学习方式。通过分析成功或失败的教学案例，教师可以深入理解教育教学的规律和方法，提高自己的教学设计和实施能力。

除了实践锻炼，经验分享也是提升教师教学技能的重要途径。幼儿园应该鼓励教师之间进行积极的经验分享和交流，让他们互相学习、互相启发。这不仅可以促进团队之间的合作与共进，还能帮助教师更快速地成长和进步。通过定期的经验分享会、教学研讨会等活动，教师可以共同探讨教育教学中的热点问题，分享自己的见解和经验，从而实现团队整体水平的提升。

（四）激励机制与成果展示

为了激发幼儿园教师参与继续教育和提升技能的积极性，建立有效的激励机制至关重要。幼儿园可以设立奖励基金，对在继续教育和技能提升方面表现突出的教师进行表彰和奖励。这种物质和精神上的双重激励，能够极大地激发教师的学习热情和职业荣誉感。

同时，提供晋升机会也是激励机制的重要组成部分。幼儿园应该明确教师的职业发展路径，将继续教育和技能提升作为教师晋升的重要考量因素。教师会更加明确自己努力的方向，更加积极地参与继续教育和技能提升。

幼儿园可以定期组织成果展示活动，如教学比赛、优秀教案评选等，让教师有机会展示自己的学习成果和教学改进效果。这不仅能够增强教师的成就感，还能激发他们的创新意识和竞争意识，进一步推动幼儿园教育教学质量的提升。

在成果展示活动中，教师可以相互学习、相互借鉴，共同提高。通过成果展示，幼儿园可以及时发现和挖掘优秀的教学人才和教学资源，为幼儿园的长远发展储备力量。

三、职业发展路径规划与晋升机制

（一）职业发展路径规划的重要性

职业发展路径规划对于每一个员工来说，都是其职业生涯中不可或缺的一部分。对于幼儿园而言，明确的职业发展路径规划更是稳定员工队伍、提升工作积极性的关键。当员工能够清晰地看到自己在幼儿园中的成长轨迹和未来可能达到的位置，他们会更加努力地工作，以期实现自己的职业目标。

幼儿园作为一个教育机构，其员工队伍的稳定性和工作热情直接关系孩子的教育质量。因此，为员工规划合理的职业发展路径，不仅是对员工的负责，更是对幼儿园的长远发展考虑。通过为员工提供一个明确、可行的职业发展蓝图，幼儿园能够更好地吸引和留住人才，进而提升整体的教育服务水平。

为了实现这一目标，幼儿园需要与员工进行深入的沟通，了解他们的职业期望和目标。在此基础上，结合幼儿园的发展需求和员工的个人特点，为其量身定制合适的职业发展路径。这样，员工在工作中就能有明确的方向和目标，从而更加投入和专注。

（二）多元化的职业发展通道

为了满足不同员工的职业发展需求，幼儿园应致力于建立多元化的职业发展通道。除了传统的教学管理通道，还应拓展（如课程研发、教育咨询等）多元化的职业发展通道。

教学管理通道可以为有志于管理岗位的员工提供晋升机会，而课程研发和教育咨询等通道则能让那些在特定领域有专长或兴趣的员工发挥自己的才能。这种多元化的职业发展通道不仅有助于员工找到最适合自己的发展路径，还能为幼儿园培养更多具备不同专业背景和技能的复合型人才。

在实施多元化职业发展通道的过程中，幼儿园需要为员工提供定期的职业技能培训、领导力发展计划以及行业内的专业交流机会等。通过这些措施，员工可以更好地适应新的工作岗位和挑战，实现个人和幼儿园的共同发展。

（三）晋升机制与评价标准

在职业发展路径规划中，晋升机制和评价标准的确立至关重要。一个公平、透明的晋升机制能够激发员工的工作动力，让他们看到自己在幼儿园中的成长空间和晋升机会。而科学合理的评价标准则是确保晋升过程公平、客观的关键。

幼儿园应明确晋升的条件和程序，让员工清楚地知道自己在何时何地可以通过何种方式获得晋升。同时，制定明确的晋升时间表，使员工对自己的职业发展有明确的预期。在评价标准方面，幼儿园应结合员工的实际工作表现和绩效考核结果，制定全面、客观的评价体系。这不仅能确保晋升过程的公平性，还能激发员工的工作热情和创新精神。

除了传统的绩效考核，幼儿园还可以引入360度反馈、关键绩效指标（KPI）等先进的绩效评价方法，以更全面地评估员工的工作表现。同时，鼓励员工进行自我评价和同事互评，提高评价的准确性和客观性。通过这些措施，幼儿园可以建立一个公平、透明且科学的晋升机制与评价标准体系，为员工的职业发展提供有力保障。

（四）职业规划辅导与支持

为了帮助员工更好地规划自己的职业发展路径，幼儿园可以提供职业规划辅导服务。这项服务旨在帮助员工深入了解自己的职业兴趣、优势和目标，从而制订更加符合个人特点的职业发展计划。通过职业规划辅导，员工可以更加清晰地认识到自己的长处和短处，找到适合自己的职业发展方向。

除了职业规划辅导，幼儿园还应为员工提供必要的培训和支持。这包括专业技能培训、领导力发展计划以及团队建设活动等。这些培训和支持不仅有助于提升员工的专业素养和综合能力，还能增强他们的团队合作精神和创新意识。通过这些措施，员工可以更好地实现自己的职业目标，同时为幼儿园的长远发展作出贡献。

四、培养员工的领导力与团队协作精神

（一）领导力培养的重要性

在幼儿园这样一个充满活力和挑战的环境中，领导力的重要性不言而喻。具备良好领导力的员工能够更好地带领团队，提高工作效率，推动幼儿园的整体发展。同时，领导力也是员工个人职业发展的重要资本，有助于他们在未来承担更多责任和挑战。

通过培养员工的领导力，幼儿园可以打造一支高效、有序的团队，提升整体执行力和创新能力。此外，培养领导力还能为幼儿园储备更多的管理后备人才，确保幼儿园在未来能够持续、稳定发展。

（二）领导力培养的方式与方法

为了有效地培养员工的领导力，幼儿园可以采取多种方式和方法。首先，引入专业的领导力培训课程是非常关键的。这些课程可以帮助员工系统地学习领导理念、沟通技巧和团队建设方法，从而提升他们的领导素养。其次，实践锻炼的机会也是不可或缺的。幼儿园可以鼓励员工参与项目管理、活动策划等实际工作，让他们在实践中不断积累经验，提升领导力。此外，榜样示范也是一种有效的培养方式。幼儿园可以邀请优秀的领导者分享他们的经验和故事，为员工提供学习的榜样和目标。

在实施领导力培养的过程中，幼儿园需要关注员工的个性化需求和发展阶段。针对不同员工的特点和需求，制订个性化的培养计划，确保培养效果的最大化。同时，定期评估和调整培养计划也是非常重要的，以便及时发现问题并进行改进。

（三）团队协作精神的培养

团队协作精神是幼儿园工作中不可或缺的一部分。一个团结、协作的团队能

够更好地完成工作任务，提高工作效率，同时能增强员工的归属感和满意度。为了培养员工的团队协作精神，幼儿园可以采取多种措施。

首先，定期组织团队建设活动是非常有效的手段。户外拓展、趣味运动会等形式多样的团队建设活动，可以增强员工之间的默契度和信任感，促进彼此之间的沟通和合作。这些活动不仅能让员工在轻松愉快的氛围中增进友谊，还能提升团队的凝聚力和战斗力。

其次，明确团队目标和分工也是培养团队协作精神的关键。幼儿园应确保每个团队成员都清楚地了解团队的目标和自己的职责范围。当每个成员都能明确自己的任务和责任时，他们就能更好地协同工作，共同为实现团队目标而努力。

最后，营造积极的团队氛围也是至关重要的。幼儿园应鼓励团队成员之间互相支持、互相帮助，共同面对工作中的挑战和困难。一个积极向上、充满正能量的团队氛围能够激发员工的工作热情和创新精神，推动团队不断向前发展。

第三节　激励制度与考核机制

幼儿园的人力资源管理是确保教育质量、提高教职工工作积极性和促进幼儿园整体发展的重要环节。其中，激励与考核机制是人力资源管理的核心内容。建立科学的绩效考核体系、设计合理的激励制度以及构建有效的员工奖惩机制与反馈系统，可以极大地提升教职工的工作热情和工作效率，进而推动幼儿园的持续健康发展。

一、建立科学的绩效考核体系

（一）明确考核目标与标准

绩效考核的首要任务是明确考核的目标和标准。这包括确定考核的周期、内容以及评价方式。考核目标应与幼儿园的整体发展目标相一致，既要关注教职工的工作业绩，也要注重其工作态度、团队合作能力等方面的评价。同时，考核标准应具体、可量化，以便客观公正地评估教职工的工作表现。

（二）采用多元化的考核方法

为了全面、客观地评价教职工的工作表现，应采用多元化的考核方法。这包括自我评价、同事评价、上级评价以及家长评价等。多角度的评价可以更加准确地反映教职工的工作情况，避免单一评价方式的主观性和片面性。

（三）确保考核的公正性与透明度

绩效考核必须遵循公正、公开、透明的原则。考核过程应确保所有教职工都了解并认同，避免出现不公平或暗箱操作的情况。同时，考核结果应及时反馈给教职工本人，以便他们了解自己的工作表现，明确改进方向。

二、激励制度的设计与实施

（一）制订个性化的激励计划

在幼儿园的教学质量监控体系中，激励机制的建立与完善是至关重要的。为了更有效地激发教职工的工作动力和热情，幼儿园需要根据每个人的个人特点和需求，制订个性化的激励计划。这种个性化的激励计划能够确保每位教职工都感受到自己的价值被认可，进而更加投入地参与教学工作。

幼儿园要深入了解每位教职工的个人特点和职业发展需求。不同的人有不同的职业追求和价值观，因此，幼儿园需要通过与教职工的深入交流，了解他们的期望和目标。例如，有的教师可能更看重职业发展的机会，希望有更多的培训和学习资源来提升自己；而有的教师则可能更注重福利待遇，期望通过努力工作获得更多的经济回报。

在了解了教职工的需求后，幼儿园就可以为他们量身定制激励计划。对于追求职业发展的教师，幼儿园可以提供更多的培训和学习机会，帮助他们提升专业技能和知识水平。同时，还可以为他们规划清晰的职业发展路径，让他们看到自己在幼儿园的未来。而对于看重福利待遇的教师，幼儿园可以设立绩效奖金、提供优厚的津贴等，以激励他们更加努力工作。

此外，个性化的激励计划还需要考虑教职工的个人能力和兴趣。例如，某位教师在音乐方面有特长，幼儿园可以鼓励她参与幼儿园的音乐教学活动，并给予相应的支持和奖励。这样不仅能充分发挥她的个人优势，还能提高教学质量，让孩子在音乐教育中得到更好的启蒙。

（二）实施精神与物质相结合的激励方式

为了全面提升教职工的工作积极性和教学质量，幼儿园必须采取精神与物质相结合的激励方式。这种综合性的激励策略能够更全面地满足教职工的多层次需求，从而更有效地促进他们的全面发展。

在精神激励方面，幼儿园要重视教职工的工作成果，及时给予表彰和肯定。当教职工在教学或管理方面取得显著成绩时，可以通过颁发荣誉证书、公开表扬等方式，让他们感受到自己的付出得到了认可。这种精神上的满足感能够极大地提升教职工的工作热情，并激发他们继续追求卓越的动力。

同时，物质激励也是必不可少的。幼儿园可以设立奖金、津贴等经济奖励，以直接回应教职工的辛勤付出。这种实质性的回报不仅是对他们工作的肯定，也能在一定程度上改善他们的生活品质，进一步增强他们对工作的满意度和归属感。

精神与物质激励并不是孤立的，而是需要相互配合，形成一个有机的整体。例如，幼儿园可以在年度考核中同时考虑教职工的工作业绩和职业操守，对于表现优异者既给予精神上的嘉奖，也提供物质上的奖励。这样的综合激励方式能够更全面地激发教职工的积极性和创造力，推动幼儿园教学质量的持续提升。

（三）建立长期与短期相结合的激励机制

为了保持教职工的持续动力和教学质量，幼儿园需要建立一套长期与短期相结合的激励机制。这种机制旨在平衡教职工的即时需求和长远发展，确保他们能够在不同阶段都保持高昂的工作热情。

短期激励主要关注当前的工作表现和成果。例如，幼儿园可以设立月度或季度奖金，以奖励那些在短时间内取得显著成绩的教职工。这种及时的奖励能够迅速提升他们的工作积极性，并鼓励他们在接下来的工作中继续保持良好状态。

然而，仅有短期激励是不够的。为了保持教职工的稳定性和忠诚度，幼儿园还需要引入长期激励机制。这可以通过提供股权激励、制订职业发展规划等方式实现。股权激励能够让教职工成为幼儿园发展的"股东"，从而更加关注幼儿园的长远利益；而职业发展规划则可以帮助教职工明确自己的未来方向，看到自己在幼儿园中的长期价值。

长期与短期相结合的激励机制，既满足了教职工对即时回报的期待，又为他们描绘了美好的职业前景。这种综合性的激励机制能够最大限度地调动教职工的积极性和创造力，为幼儿园的教学质量提供持续的动力保障。

（四）及时调整激励策略以适应变化

幼儿园的发展环境和教职工需求是不断变化的。这就要求幼儿园的激励策略也必须与时俱进、灵活调整。通过定期评估和反馈，幼儿园能够及时了解教职工的新需求和新期望，进而对激励策略进行必要的调整，确保其持续有效。

首先，幼儿园要建立一个定期评估机制，对现有的激励策略进行全面审视。这包括分析教职工的工作状态、满意度、流失率等关键指标，以及幼儿园的教学质量、家长反馈等情况。通过这些数据，幼儿园可以判断当前的激励策略是否仍然有效，是否需要进行调整。

其次，幼儿园要积极收集教职工的反馈意见。他们是激励策略的直接受益者，对于策略的效果有着最直接的感受。通过定期的座谈会、问卷调查等方式，幼儿园可以了解教职工对当前激励策略的看法和建议，从而为调整激励策略提供有力的依据。

在收集足够的信息后，幼儿园就可以对激励策略进行有针对性的调整。如果发现教职工对职业发展机会的需求日益强烈，幼儿园可以增加培训和学习资源的投入，为他们提供更多的晋升机会；如果教职工对福利待遇的满意度较低，幼儿园可以考虑调整奖金、津贴等经济奖励的发放方式和标准。

三、员工奖惩机制与反馈

（一）设立明确的奖惩制度

在幼儿园中，明确的奖惩制度对于规范教职工的行为、激发工作动力具有至关重要的作用。通过设立明确的奖励和惩罚措施，幼儿园可以为教职工树立明确的目标和期望，进而引导他们朝着幼儿园所期望的方向发展。

首先，对于工作表现优秀的教职工，幼儿园应给予充分的肯定和奖励。这种奖励可以是对其工作的公开表彰，以提升其个人荣誉感和归属感；也可以是晋升机会，让他们承担更多的责任和挑战；还可以是物质奖励，如奖金、福利等，以直接回馈他们的辛勤付出。这些奖励措施能够有效地激励教职工继续努力，为幼儿园的发展贡献更多的力量。

然而，有奖必有罚。对于工作失误或不当行为的教职工，幼儿园也必须采取相应的惩罚措施。这种惩罚既是对其错误行为的纠正，也是对其他教职工的警示。惩罚的方式可以包括口头警告、书面警告、罚款、降职甚至解雇等，具体应根据错误的性质和严重程度来决定。重要的是，惩罚必须公正、公开，并且与教职工进行充分的沟通，以确保他们了解并接受惩罚的决定。

通过明确的奖惩制度，幼儿园可以营造一个积极向上、公平公正的工作氛围，从而推动幼儿园的可持续发展和进步。

（二）及时反馈与沟通

在幼儿园的管理中，及时反馈与沟通是奖惩机制中不可或缺的一环。无论是对于表现出色的教职工给予奖励，还是对存在问题的教职工进行惩罚，都需要通过有效的沟通来确保信息的准确传达和理解。

当教职工取得优异表现时，及时的正面反馈能够增强他们的自信心和工作动力。这种反馈可以是一句简单的赞扬，也可以是对其工作成果的详细分析。重要的是，要让教职工明确知道自己的哪些行为或成果受到了认可，并鼓励他们继续保持和发扬这些优点。

同样，当教职工出现工作失误或不当行为时，及时的负面反馈也至关重要。通过指出具体问题并提供改进建议，幼儿园可以帮助教职工认识到自己的错误，并引导他们进行纠正。在此过程中，要确保反馈的方式恰当且尊重教职工的尊严，避免伤害其自尊心和自信心。

除了单向的反馈，沟通也是至关重要的。幼儿园要鼓励教职工提出自己的看法和建议，尤其是他们对奖惩机制的感受和期望。这种双向的沟通有助于幼儿园不断完善奖惩机制，确保其更加符合教职工的实际需求和期望。

（三）确保奖惩的公正性与合理性

在幼儿园中实施奖惩机制时，公正性与合理性是至关重要的原则。为了确保奖惩的公正性，幼儿园需要建立一个完善的考核机制，对教职工的工作进行全面、客观的评价。这一考核机制应涵盖多个方面，如教学质量、工作态度、团队合作能力、创新能力等，以确保对教职工的绩效进行准确评估。

在实施奖励时，幼儿园要确保奖励与教职工的实际贡献相匹配，避免出现不公平的偏袒现象。在惩罚时，幼儿园也要确保惩罚的合理性，避免对教职工进行过度或不当的惩罚。

此外，幼儿园还要关注教职工的心理感受。过度的奖励可能会让其他教职工产生嫉妒心理，而过度的惩罚则可能导致教职工的挫败感和不满情绪。因此，幼儿园要在奖惩之间找到平衡点，既要激励教职工努力工作，又要避免不必要的负面情绪。

为了实现奖惩的公正性与合理性，幼儿园还可以建立公开透明的奖惩记录系统，让教职工能够清楚地了解自己的奖惩情况，并对其进行监督和反馈。这样不仅可以增强奖惩机制的公信力，还有助于促进教职工之间的公平竞争和共同进步。

（四）建立有效的申诉机制

为了确保奖惩机制的公正性和有效性，幼儿园必须建立一个健全的申诉机制。当教职工对奖惩决策产生异议时，他们应有权利通过这一机制进行反馈和申诉。

首先，幼儿园要明确申诉的流程和条件，让教职工了解在何种情况下可以提出申诉以及申诉的具体步骤。这通常包括提出申诉的时限、需要提供哪些材料、申诉的审查流程等。

其次，幼儿园要确保申诉渠道的畅通无阻。教职工应能够方便地向相关部门或人员提出申诉，并得到及时的回应和处理。这要求幼儿园设立专门的申诉受理部门或人员，并制定相应的处理规范。

在申诉处理过程中，幼儿园要始终坚持公正、公平、公开的原则。对于教职工的申诉，幼儿园要进行认真调查，并基于事实和证据作出公正的裁决。同时，幼儿园也要保护申诉人的隐私和权益，避免出现打击报复等不良现象。

最后，幼儿园还要关注申诉结果的反馈和执行情况。幼儿园要及时向申诉人反馈处理结果，并确保该结果双方都满意。如果申诉人对处理结果仍有异议，幼儿园还可以考虑引入第三方机构进行调解或仲裁。

四、考核结果的运用与改进

（一）将考核结果与薪酬挂钩

将考核结果与薪酬挂钩，是幼儿园管理中一种重要的激励机制。客观、公正的考核可确定教职工的工作表现和贡献，进而调整其薪酬水平，可以更加直接地体现教职工的工作价值。这不仅能够激励教职工努力工作、提升绩效，还有助于幼儿园吸引和留住优秀人才。

在实施这一机制时，幼儿园要确保考核的公正性和客观性，避免出现主观臆断或偏见。同时，薪酬的调整也应合理、透明，让教职工能够清楚地了解自己的薪酬构成和调整依据。这样，教职工才会更加信任这一机制，并为之努力。

此外，幼儿园还可以根据幼儿园的实际情况，设立一些额外的奖励措施，如年终奖金、绩效奖金等，以进一步激励教职工的工作积极性。这些奖励可以根据教职工的年度考核结果进行分配，以体现其工作成果和贡献。

（二）作为晋升和岗位调整的重要参考

考核结果不仅可以作为薪酬调整的依据，还可以作为晋升和岗位调整的重要参考。对于表现优秀的教职工，幼儿园可以考虑给予晋升机会，让他们承担更多的责任和挑战。这不仅能够激发教职工的工作动力，还有助于幼儿园培养更多的管理人才。

同时，对于表现不佳的教职工，幼儿园也可以通过岗位调整来帮助其找到更适合自己的工作岗位。这种调整可以是基于教职工的个人特点和能力进行的，以确保他们能够在新的岗位上发挥更大的作用。

在实施晋升和岗位调整时，幼儿园要确保决策的公正性和合理性，要与教职工进行充分的沟通，确保他们了解并接受晋升或岗位调整的决定。

（三）针对问题进行个性化改进

考核结果不仅可以用于薪酬调整和晋升决策，更重要的是可以帮助幼儿园发现教职工在工作中存在的问题，并针对这些问题进行个性化改进。

首先，幼儿园要对考核结果进行深入分析，找出教职工在工作中的不足之处。这些不足可能包括教学技能、沟通能力、团队合作能力等方面。然后，幼儿园可以根据教职工的具体情况，制订个性化的改进方案。

这些改进方案可以包括提供有针对性的培训、指导或资源支持等。例如，对于教学技能不足的教职工，幼儿园可以组织专业的教学培训或提供优秀教师的教学示范；对于沟通能力不足的教职工，幼儿园可以提供沟通技巧的培训和实践机会。通过这些个性化的改进方案，幼儿园可以帮助教职工解决具体问题、提升工作能力，进而增强他们的工作满意度和归属感。

同时，幼儿园也要关注教职工在改进过程中的反馈和进展。通过定期跟进和评估，幼儿园可以了解改进方案的效果，并根据需要进行调整和优化。这样不仅可以确保改进方案的有效性，还能进一步激发教职工的工作动力和创造力。

第五章 幼儿园的教学质量监控

　　教学质量是幼儿园教育的生命线，对于幼儿的全面发展具有重要意义。为了确保教学质量，幼儿园需要建立一套完善的教学质量监控体系，包括教学质量评估标准、教学质量监控机制、教学反馈与改进等方面。下面本书将分别对这些内容进行详细阐述。

第一节　教学质量评估标准

一、制定教学质量评估指标

（一）教学内容的科学性与适宜性

　　教学内容是教学质量评估的核心指标之一。在制定教学内容时，要确保其科学性和适宜性，符合幼儿身心发展的规律和特点。教学内容应涵盖认知、情感、社交和身体发展等领域，注重培养幼儿的综合素质。同时，要根据不同年龄段的幼儿特点，选择适合的教学内容，确保幼儿能够在学习中获得乐趣和成就感。

（二）教学方法的多样性与有效性

　　教学方法是影响教学质量的关键因素。在评估教学质量时，要关注教师采用的教学方法是否具有多样性、创新性，以及是否能够激发幼儿的学习兴趣和积极性。有效的教学方法应尊重幼儿的主体地位，注重启发式教学，引导幼儿主动探索和发现，培养幼儿的自主学习能力和创新精神。

（三）师生互动与家园合作

　　师生互动和家园合作是评估教学质量的重要方面。良好的师生互动能够营造积极的学习氛围，促进幼儿的全面发展。在评估过程中，要关注教师与幼儿之间的互动是否积极、有效，是否能够激发幼儿的学习热情和自信心。同时，要加强家园合作，与家长保持良好的沟通和合作，共同促进幼儿的健康成长。

二、明确各阶段教学目标与成果

（一）小班阶段目标与成果

小班阶段是幼儿初次离开家庭，进入集体生活的重要时期。在这一阶段，幼儿园的主要目标是帮助幼儿顺利适应幼儿园的新环境，培养他们基本的生活习惯和自理能力。为了实现这一目标，幼儿园需要营造一个温馨、亲切的氛围，让幼儿感受到家的温暖。耐心细致的引导可帮助幼儿逐步适应幼儿园的作息时间和集体生活。

在社交能力方面，幼儿园要鼓励幼儿积极参与集体活动，学习与其他孩子相处的方式，培养他们的分享意识和合作精神。在语言表达能力上，幼儿园要通过故事、儿歌等形式，激发幼儿说话的兴趣，教会他们基本的语言表达技巧，提高他们的沟通能力。

此外，幼儿园还要注重培养幼儿的观察力和初步的逻辑思维能力。观察自然、图画等多样化的教学活动可引导幼儿学会观察、发现和理解周围的事物，激发他们的好奇心和探索欲。同时，简单的逻辑游戏和数学问题可培养幼儿的初步逻辑思维能力，为他们未来的学习打下坚实基础。

在这个阶段，幼儿园还应关注幼儿的安全感和信任感的培养。日常的关爱和陪伴可让幼儿感受到教师和同伴的温暖，建立对幼儿园的信任感，从而更好地融入新集体。

（二）中班阶段目标与成果

进入中班阶段，幼儿开始逐渐形成自我意识，对周围的事物产生更加浓厚的兴趣。在这一阶段，幼儿园的教学目标是进一步培养幼儿的独立思考能力、解决问题的能力和创造力。

为了实现这些目标，幼儿园将组织各种探索性活动和实践操作，如科学实验、手工制作等，引导幼儿在动手操作的过程中主动学习和探索。这些活动不仅能够帮助幼儿理解基本的科学原理，提高他们的动手能力，还能培养他们的科学素养和审美能力。

同时，幼儿园也将注重培养幼儿的想象力和创造力。绘画、音乐、舞蹈等艺术形式可激发幼儿的创造激情，让他们在艺术的海洋中自由翱翔。此外，幼儿园会组织一些角色扮演、故事讲述等活动，让幼儿在模仿和表演中发挥自己的想象力和创造力。

在这个阶段，幼儿园还将继续注重提升幼儿的社交能力和语言表达能力。组织各种集体活动（如团队游戏、小组任务等）可培养幼儿的团队合作精神和领导能力。幼儿园也会加强语言教学，提高幼儿的语言表达能力和沟通技巧。

（三）大班阶段目标与成果

大班阶段是幼儿教育的巩固和提升阶段。在这一阶段，幼儿开始具备较为复杂的思维能力和社交技能。幼儿园的教学目标是进一步培养幼儿的批判性思维、团队协作能力和领导能力。

为了实现这些目标，幼儿园将组织更加丰富多彩的集体活动和社会实践。通过团队合作游戏、辩论会等活动，培养幼儿的批判性思维和团队协作能力。同时，幼儿园也会邀请一些社区的专业人士来幼儿园举办讲座或实践活动，让幼儿了解更多的社会职业和知识。

在这个阶段，幼儿园还会注重培养幼儿的领导能力。组织一些小型的领导活动（如"小老师""小组长"等角色扮演活动）可让幼儿体验领导者的角色和责任。这些活动不仅能够帮助幼儿建立自信心和责任感，还能培养他们的领导能力和组织协调能力。

幼儿园也将继续注重培养幼儿的学习习惯和自主学习能力。引导幼儿制订学习计划、自主完成学习任务等活动可培养他们的自主学习意识和能力。这些能力将对他们未来的学习和生活产生积极影响。

（四）幼小衔接阶段目标与成果

幼小衔接阶段是幼儿园与小学过渡的关键时期。在这一阶段，幼儿园的教学目标是帮助幼儿顺利适应小学的学习节奏和环境，培养他们的自主学习能力、时间管理能力和自我调控能力。

为了实现这些目标，幼儿园将加强与小学的合作与交流。组织幼儿参观小学、与小学生互动交流等活动，可让幼儿提前了解小学的学习和生活环境。同时，幼儿园也会邀请小学的老师来幼儿园举办讲座或教学示范，让幼儿对小学的教学方式有所了解和适应。

在这个阶段，幼儿园还将注重培养幼儿的自主学习能力。引导幼儿制订学习计划、自主完成学习任务等活动可培养他们的自主学习意识和能力。同时，幼儿园也会加强时间管理教育，让幼儿学会合理安排时间和任务。

此外，自我调控能力的培养也是这一阶段的重要任务。幼儿园将通过组织一些需要自我控制的游戏和活动，帮助幼儿学会控制自己的情绪和行为。这些能力将对他们未来的学习和生活产生积极的影响，为他们顺利进入小学做好准备。

三、参照行业标准与教育政策

（一）遵循教育政策与法规

在制定和实施幼儿教学质量评估标准时，幼儿园必须严格遵循国家和地方的教育政策与法规。这些法规和政策是教学活动的指导方针，确保了教育的合法性、规范性和公平性。同时，幼儿园要密切关注教育政策的变化和发展趋势，以便及时调整教学策略和方法，使之与当前教育需求保持一致。

为了更好地遵循教育政策与法规，幼儿园将定期组织教师培训，提高教师对相关政策法规的认识和理解。此外，幼儿园还将建立健全的教学管理制度，确保教学活动的规范性和有效性。

（二）参照行业标准与最佳实践

在制定教学质量评估标准时，幼儿园会参照相关的行业标准，如《幼儿园教育指导纲要（试行）》等。这些标准为幼儿园提供了科学、系统的评估依据，有助于幼儿园确保教学活动的科学性和有效性。

同时，幼儿园会关注并学习行业内的最佳实践案例和经验分享。通过借鉴这些成功案例的精华，幼儿园可以不断提升自身的教学质量和水平。为了实现这一目标，幼儿园将积极参加教育行业内的交流活动，与其他优秀幼儿园建立合作关系，共同分享教学经验和方法。

（三）关注幼儿全面发展与个性差异

教学质量评估体系始终以促进幼儿全面发展为核心目标。在评估过程中，幼儿园会密切关注每个幼儿的个性差异和发展需求，以便提供个性化的教育支持和引导。每个孩子都是独一无二的，有着不同的兴趣、爱好和天赋。因此，幼儿园将致力于发掘每个孩子的潜能，帮助其实现个性化发展。

为了实现这一目标，幼儿园将采用多样化的教学活动和评价方式。丰富多样的教学方法和手段可激发每个幼儿的学习潜能和创造力。同时，幼儿园会建立多元化的评价体系，从多个角度全面评估幼儿的发展状况。这些措施将有助于幼儿园更好地了解每个孩子的特点和发展需求，为其提供更加精准的教育支持。

在关注幼儿全面发展的同时，幼儿园也将注重对幼儿心理健康的引导和关注。通过与专业心理咨询机构的合作，幼儿园将为幼儿提供心理健康教育和心理辅导服务。这些服务旨在帮助幼儿建立积极向上的人生态度和价值观，为他们的未来发展奠定坚实的基础。

综上所述，建立完善的教学质量监控体系，并明确各阶段的教学目标与成果，以及参照行业标准与教育政策等措施，可以有效地提升幼儿园的教学质量并确保每个幼儿都能得到全面而个性化的教育支持和发展机会。

第二节 教学质量监控机制

一、建立定期教学检查制度

（一）明确教学检查的目标与内容

建立定期教学检查制度的首要任务是明确教学检查的目标和内容。这不仅是确保教学活动规范性和质量的基石，更是提升整体教育水平的关键。设定清晰的目标，如提高教学计划执行效率、优化教学内容和方法、营造良好的课堂氛围以及促进幼儿全面发展等，能够为检查工作提供明确的指导方向。

在内容方面，教学检查应覆盖多个维度，以全面评估教学质量。首要关注的是教学计划的执行情况。这直接体现了教学的有序性和进度控制。同时，教学内容的选择和教学方法的运用也是检查的重点，它们对于激发幼儿学习兴趣、培养其各项基本能力至关重要。此外，课堂氛围的营造也不容忽视，一个积极、健康的课堂环境有助于幼儿形成良好的学习习惯和人际交往能力。

值得一提的是，教学检查还应特别关注教师的专业素养和教学能力的提升。教师是教学活动的主体，他们的专业素养和教学能力直接影响着教学质量。因此，幼儿园需要通过教学检查来评估教师的表现，并提供必要的支持和培训，以促进他们的专业发展。

最后，教学资源的合理配置和利用也是教学检查的一项重要内容。这包括教材的选择、教学设备的配备以及教学环境的优化等方面。通过确保教学资源的充足和合理利用，幼儿园能够为幼儿提供丰富多彩的学习体验。

（二）制订详细的教学检查计划

为确保教学检查的全面性和有效性，制订一个详细的教学检查计划是至关重要的。这份计划不仅为检查工作提供了明确的路线图，还能确保每一个环节都得到充分落实和检查。

首先，计划中应明确检查的时间安排，包括具体的检查日期和时间点，以确保所有相关人员都能准时参与。其次，地点安排也是关键，要确保检查环境安静、整洁，便于观察和评估。同时，人员安排也不容忽视，应明确每位参与检查人员的角色和职责，确保检查工作能够有序进行。

在制定检查流程时，幼儿园应细致、全面。从课堂观察、教师访谈到幼儿互动等环节都应涵盖，以便全面了解教学情况。此外，检查的标准和评估方法也应明确并公开，以确保对教学质量的客观、公正评价。这些标准和方法包括但不限于教学目标达成度、教学内容适宜性、教学方法创新性以及课堂氛围活跃度等方面。

通过制订并遵循这样一份详细的检查计划，幼儿园能够及时发现并改进教学中存在的问题，从而持续提升教学质量和效果。

（三）及时总结与反馈检查结果

教学检查结束后，对检查结果的及时总结和反馈是至关重要的。这一过程不仅能够帮助教师了解自己的教学情况，发现存在的问题，还能为教学改进提供有力的依据和方向。

总结阶段应对检查过程中收集的数据进行整理和分析，明确列出检查中发现的问题、展现的优点以及具体的改进建议。这些问题可能涉及教学计划的执行、教学内容的选择、教学方法的运用、课堂氛围的营造等方面。通过深入剖析这些问题，幼儿园能够更准确地把握教学现状，为下一步的改进工作奠定基础。

同时，将检查结果及时反馈给相关教师是至关重要的。反馈内容应具体、明确，不仅指出存在的问题，还要提供可行的改进方案和建议。这样，教师才能针对自身存在的问题进行有针对性的改进，进而提升教学质量。

此外，及时总结和反馈检查结果还能促进教师之间的相互学习和交流。通过分享各自的教学经验和教训，教师能够共同提升教学水平，推动幼儿园教育质量的整体提升。

二、课堂观摩与教师教学评价

（一）组织定期的课堂观摩活动

为了不断提升教学质量，幼儿园应定期组织课堂观摩活动。这一举措旨在让教师能够相互学习、交流教学经验，从而共同提升教学水平。通过观摩其他教师的课堂教学，每位教师都能从中汲取灵感，发现自身教学方法的不足，并借鉴他人教学过程中的长处。

在组织课堂观摩活动时，幼儿园应注重课堂的真实性、多样性和创新性。真实性意味着被观摩的课堂应是日常教学的真实写照，而非刻意的"表演课"。多样性则要求幼儿园选择不同类型的课堂进行观摩，以便更全面地了解各种教学模式和方法。创新性则是鼓励教师在观摩活动中展示自己独特的教学理念和实践，以此激发教师的创新思维。

通过课堂观摩活动，幼儿园期望能够更深入地了解教师的教学风格和幼儿的学习情况。这不仅有助于提升教师的教学水平，还能为幼儿园的教学改革提供有力的支持。

（二）建立科学的教师教学评价体系

建立科学的教师教学评价体系是提升教学质量的关键环节。为了更全面地评价教师的教学质量，幼儿园应从多个维度构建这一体系，包括教学目标、教学内容、教学方法、课堂氛围以及教学效果等。

首先，明确教学目标是评价体系的基石。教师需要清晰地设定并传达教学目标，确保幼儿能够明确知道本节课的学习重点和预期成果。评价时应考查教学目标是否既符合教育标准，又能满足幼儿的发展需求。

其次，教学内容的选择和组织也是评价的重要方面。教师应确保教学内容与教学目标紧密相关，同时具有趣味性和启发性，以激发幼儿的学习兴趣。评价时要关注教学内容是否丰富多样，是否有助于幼儿全面发展。

在教学方法上，教师应灵活运用多种教学手段，如讲解、示范、实践、互动等，以适应不同幼儿的学习风格和需求。评价时要考查教学方法是否得当，是否能有效促进幼儿的学习和思考。

课堂氛围的营造同样重要。积极、和谐的课堂氛围有助于幼儿放松心情，更积极地参与学习活动。评价时应关注教师是否能营造良好的课堂氛围，是否能鼓励幼儿积极参与和合作。

最后，教学效果是评价教师教学质量的直接体现。通过考查幼儿的学习成果和反馈，幼儿园可以了解教师的教学效果如何。评价时要综合考虑幼儿的进步程度、对知识点的掌握情况以及他们的学习态度和兴趣等方面。

通过量化指标和质性评价相结合的方式，幼儿园可以对教师的教学质量进行全面、客观的评价。同时，鼓励教师自我评价和反思，以便更好地改进教学方法和提升教学效果。

（三）提供有针对性的教学反馈

在完成教学评价后，向教师提供有针对性的教学反馈是至关重要的。这一反馈不仅应包括对教师教学质量的整体评价，还应具体指出教学中存在的问题以及可行的改进建议。

反馈内容首先要明确、具体，避免使用模糊或笼统的语言。针对某个教学环节的问题，评价者可以明确指出问题的根源，如"在讲解过程中，部分重点内容的阐述不够清晰，导致幼儿理解困难"。同时，为了更直观地帮助教师理解问题，可以结合具体的教学案例进行分析。

除了指出问题，反馈还应包含建设性的改进建议。这些建议应具有可操作性，能够帮助教师针对问题进行有效调整。例如，在讲解重点内容时，可以尝试采用图文结合的方式，或者使用生动的实例来辅助说明，以提高幼儿的理解能力。

此外，反馈还应关注教师的优点和亮点，给予充分的肯定和鼓励。这有助于激发教师的教学热情和创新精神。例如，在课堂教学中，能够很好地引导幼儿参与互动，活跃课堂氛围。

为了确保反馈的有效性，评价者可以采取多种沟通方式进行反馈，除了书面的评价报告，还可以与教师进行面对面的交流，或者利用网络平台进行即时沟通和反馈。这样可以确保教师能够及时了解和接受反馈意见，从而进行有针对性的改进。

（四）激励与约束并存的评价机制

为了激发教师的教学积极性和创新精神，同时确保教学质量的稳步提升，幼儿园应建立激励与约束并存的评价机制。这一机制旨在通过明确的奖励和惩罚措施，引导教师不断追求卓越的教学成果。

首先，对于表现优秀的教师应给予充分的肯定和激励。这不仅可以是物质上的激励（如提供奖金、晋升机会等），还可以是精神上的鼓励（如在园内进行表彰、分享其教学经验等）。通过这些激励措施，幼儿园能够激发教师的教学热情，鼓励他们继续探索和创新教学方法。

同时，对于存在问题的教师，幼儿园也应及时进行约谈和调整。这并不意味着对教师的惩罚或打击，而是希望通过这种方式帮助他们认识到自身存在的问题，并提供必要的支持和指导。例如，可以为他们提供有针对性的培训或辅导，或者与他们共同制订改进计划等。通过这些约束措施，幼儿园能够确保每位教师都能够在专业成长的道路上不断前进。

在实施这一评价机制时，幼儿园应注重公平、公正和公开的原则。评价标准应明确、具体，并确保每位教师都能了解和接受。同时，评价过程也应公开透明，避免出现主观臆断或偏见的情况。

通过建立激励与约束并存的评价机制，幼儿园能够营造一个积极向上、竞争有序的教学氛围。这不仅有助于提升教师的教学质量和专业素养，还能为幼儿的全面发展提供有力的保障。

三、幼儿发展评估与跟踪

（一）制定科学的幼儿发展评估体系

为了全面了解幼儿的发展情况，幼儿园必须制定一套科学的幼儿发展评估体系。这套体系不仅要关注幼儿的认知能力，更要全面考察他们在情感、社会性以及身体发展等方面的表现。一个科学的评估体系，能够为幼儿园提供幼儿发展的全貌，从而更准确地把握每个孩子的成长轨迹。

在制定评估体系时，幼儿园可以借鉴国内外先进的幼儿发展理论和实践，同时结合本园幼儿的实际情况，确保评估内容既全面又具有针对性。幼儿园需要注重评估方法的多样性和灵活性。通过观察、记录、分析等手段力求获得最真实、最客观的幼儿发展数据。

此外，幼儿园应定期对评估体系进行修订和完善，以确保其始终与幼儿发展的最新理念和实践保持同步。一个科学、全面、动态的幼儿发展评估体系，将为后续的教学提供宝贵的参考依据，有助于幼儿园更精准地满足幼儿的发展需求，促进他们的全面成长。

（二）实施个性化的幼儿发展跟踪计划

在科学的幼儿发展评估体系基础上，幼儿园进一步实施个性化的幼儿发展跟踪计划。这一计划的制订，旨在根据每个孩子的独特需求和问题，提供量身定制的成长支持。

幼儿发展跟踪计划涵盖了幼儿发展的各个方面，包括认知、语言、情感、社交和身体发育等。针对每个孩子的具体情况，幼儿园设定明确的发展目标，并制定切实可行的措施和时间表，以确保跟踪计划的针对性和实效性。

在实施跟踪计划的过程中，幼儿园始终保持与家长的密切沟通。通过定期的家长会、家访等活动，幼儿园及时向家长反馈孩子的进步和问题，共同商讨解决方案，确保跟踪计划的顺利实施。

通过个性化的幼儿发展跟踪计划，每个孩子都能在幼儿园得到充分关注和指导，实现他们的全面发展。

（三）建立幼儿发展档案与数据分析系统

为了更好地记录和分析幼儿的发展情况，幼儿园需建立幼儿发展档案与数据分析系统。这一系统不仅详细记录每个幼儿的发展情况、评估结果，还包括针对每个孩子制定的改进措施和取得的成效。

通过对这些数据的深入分析和比较，幼儿园可以发现幼儿发展的规律和特点，这为幼儿园的教学改进提供了科学依据。例如，幼儿园发现某些孩子在社交能力方面存在困难，针对这一问题，幼儿园加强了相关的教学活动的力度，提供了更多的社交机会，帮助这些孩子逐步提升社交能力。

此外，幼儿园还利用数据分析系统对幼儿的发展趋势进行预测，为满足幼儿未来的发展需求提前做好准备。这一系统的建立，使幼儿园的教学工作更加科学、有针对性，也为每个孩子的全面发展提供了有力的支持。

（四）家园共育，促进幼儿全面发展

家庭是幼儿成长的重要环境，家长是孩子的第一任教育者。因此，幼儿园非常重视与家长的沟通和合作，共同促进幼儿的全面发展。

幼儿园通过多种形式与家长保持密切联系，如家长会、家访、家长信箱等，及时了解幼儿在家庭中的表现和需求。同时，幼儿园也向家长提供科学育儿的知识和方法，帮助他们更好地参与幼儿的教育过程。

家园共育强调双方的平等、尊重和合作。幼儿园鼓励家长提出自己的意见和建议，与幼儿园共同探讨和解决孩子成长过程中的问题。家园共育不仅有助于幼儿园更全面地了解孩子，还能为孩子创造一个连续、稳定的学习环境，促进他们的全面发展。

四、家长反馈与社区评价

（一）建立家长反馈机制与渠道

为了充分了解家长对幼儿园教学质量的看法和建议，幼儿园建立了有效的家长反馈机制与渠道。幼儿园通过设立家长信箱，方便家长随时向幼儿园反映问题和提出建议。同时，幼儿园定期召开家长会，与家长面对面交流，深入了解他们的想法和需求。

除此之外，幼儿园还定期开展家长满意度调查，通过问卷或在线反馈的形式，收集家长对幼儿园教学工作的意见和建议。这些反馈机制与渠道的建立，让幼儿园能够及时了解家长的诉求，并针对问题进行改进。

幼儿园非常重视家长的反馈，每一条意见和建议都会得到认真回应和处理。只有充分了解并尊重家长的想法和需求，才能更好地为孩子提供优质的教育服务。

（二）定期组织社区评价活动

为了更全面地了解幼儿园的教学质量，并获取多方意见，幼儿园定期组织社区评价活动。这些活动邀请了社区居民、教育专家等来园参观、观摩教学活动，并对幼儿园的教学质量进行评价。

社区评价活动不仅扩大了幼儿园的影响力，还为幼儿园提供了宝贵的反馈信息。通过社区评价，幼儿园能够从不同角度审视自己的教学工作，发现可能存在的问题和不足之处。同时，社区居民和教育专家的建议也为幼儿园改进教学方法、提升教学质量提供了有益的参考。

（三）将家长与社区意见纳入教学改进计划

家长和社区的意见和建议是幼儿园教学质量改进的重要参考依据。因此，幼儿园积极收集并整理这些意见，将其纳入幼儿园的教学改进计划。

针对家长和社区提出的问题，幼儿园会进行具体的改进措施。如果家长反映孩子在幼儿园里缺乏体育锻炼，幼儿园就会增加体育活动的时间和强度，以满足孩子的身体发展需求。同时，幼儿园也会根据社区的建议，优化课程设置，引入更多符合孩子兴趣爱好的教学内容。

将家长和社区的意见纳入教学改进计划，不仅增强了他们的参与度，还使幼儿园的教学工作更加贴近孩子的实际需求。通过这种方式，幼儿园的教学质量将得到不断提升，为孩子提供更优质的教育服务。

（四）加强与社区的合作与交流，共同提升教育质量

作为社区教育的重要组成部分，幼儿园一直致力于加强与社区的合作与交流。通过与社区机构、企业等建立合作关系，幼儿园得以共享教育资源、开展教育活动，共同提升教育质量。

幼儿园与社区图书馆合作，定期开展亲子阅读活动，培养孩子的阅读兴趣和习惯。同时，幼儿园还与社区的运动中心合作，为孩子提供更多的体育锻炼机会。这些合作不仅丰富了幼儿园的教学内容，还让孩子在社区中得到了更多的学习和成长机会。

此外，幼儿园还借助社区的力量推广科学育儿理念和方法。通过举办育儿讲座、亲子活动等形式，幼儿园向家长传递科学育儿的知识和经验，帮助他们更好地参与孩子的教育过程。只有家庭、幼儿园和社区三方共同努力，才能为孩子的全面发展创造更好的环境。

第三节 教学反馈与改进

一、教学质量反馈渠道的建设

（一）建立家长反馈机制

为了全面了解教学质量，不断优化教育教学方法，幼儿园需要建立一套有效的家长反馈机制。这种机制的建立，旨在鼓励家长积极参与对幼儿园教学质量的评价，以便幼儿园更准确地了解教学效果，及时调整教学策略。

首先，幼儿园应定期组织家长会议。这些会议不仅为家长提供了一个与教师和管理层直接交流的平台，还能让家长及时了解幼儿园的教学计划和执行情况。在会议上，家长可以分享他们对孩子学习进步的看法，提出对教学方法或内容的建议，以及反映孩子在学习过程中遇到的问题。通过这些交流，教师能够更深入地了解家长的期望和需求，进而在教学过程中做出相应调整。

除了面对面的交流，幼儿园还可以设置家长信箱或提供在线反馈平台。这些渠道方便家长随时向幼儿园提供意见和建议，同时能保护他们的隐私。幼儿园应定期查看并处理这些反馈，对家长提出的问题给予及时回应，以此建立良好的家园合作关系，共同促进孩子的成长。

通过这些家长反馈机制，幼儿园可以更加全面地收集家长对教学质量的看法，从而有针对性地进行教学改进，提升教育质量。

（二）教师间的互评与反思

为了进一步提高教学质量，教师间的互评与反思也是至关重要的。这种互评不仅限于教学技能的评价，更包括对教学内容、教学方法以及教学效果的全面评估。

首先，幼儿园应定期组织教师研讨会。在这些会议上，教师可以分享自己的教学经验，讨论在教学中遇到的问题，并对同事的教学方法进行点评。这种互评能够帮助教师发现自身在教学中的盲点，学习他人的优点，从而提升个人的教学能力。

其次，教学观摩也是教师间互评的一种有效方式。通过观摩同事的教学过程，教师可以直观地了解不同的教学方法和策略，并对其进行评价。这种观摩活动不仅能够促进教师之间的交流与合作，还能激发教师的创新思维，推动教学方法的不断改进。

此外，鼓励教师进行自我反思也是非常重要的。每位教师在完成教学任务后，都应对自己的教学活动进行总结和评价。这种反思可以帮助教师深入了解自己的教学风格和效果，发现教学中的问题，并及时进行调整和改进。

（三）引入第三方评估

为了获得更客观、专业的教学质量评估，幼儿园可以考虑引入第三方评估机构进行教学质量的定期评估。这些评估机构通常具有丰富的教育评估经验和专业知识，能够提供更全面、深入的评价。

第三方评估可以从多个维度对幼儿园的教学质量进行考量，包括教学管理、师资力量、教学环境以及教学效果等方面。通过评估报告，幼儿园可以清晰地了解自身在各个方面的优势和不足，从而明确改进的方向。

同时，第三方评估还能为幼儿园提供行业内的横向比较数据，帮助幼儿园了解自身在行业内的位置和水平。这些数据可以为幼儿园制订更合理的教学计划和改进策略提供有力支持。

引入第三方评估不仅能让幼儿园获得更客观的教学质量反馈，还能推动幼儿园不断追求卓越，提升整体教育质量。

二、教学问题的识别与分析

（一）通过教学观察识别问题

教学观察是识别教学问题最直接、有效的方法之一。为了全面了解教学中的问题，幼儿园应加强教学观察的实践力度。

首先，教师可以通过课堂观摩来观察自己的教学过程。在观摩过程中，教师应重点关注学生的学习状态、课堂互动情况以及教学内容的传达效果等方面。通过观摩，教师可以发现自己在教学中存在的问题，如教学方法不当、课堂管理不善等。

其次，教学录像回放也是一种有效的观察方式。教师可以利用课余时间观看自己的教学录像，仔细分析每一个教学环节和教学细节。通过这种方式，教师可以更加客观地评估自己的教学效果，发现可能被忽视的问题。

此外，邀请同事或专家进行教学观察也是非常有益的。他们可以从不同的视角出发，发现教师在教学中可能存在的问题，并提供宝贵的建议和意见。

（二）学生反馈暴露问题

学生是教学活动的主体，他们的学习体验和反馈对于教师了解教学效果、改进教学方法具有至关重要的意义。因此，幼儿园应建立有效的学生反馈机制，积极收集并倾听学生的意见和建议。

为了获取学生的真实反馈，幼儿园可以设置学生意见箱或建立在线反馈平台。通过这些渠道，学生可以匿名或实名提出自己在学习过程中遇到的问题、困惑以及对教学的看法。这些反馈不仅能够直接反映教学效果，还能帮助教师及时发现并解决潜在的教学问题。

同时，定期进行学生满意度调查也是非常有必要的。通过调查，教师可以了解学生对教学内容、教学方法以及教学态度的满意程度，从而更有针对性地进行教学改进。

学生反馈是教学问题识别的重要依据。教师应当高度重视学生的反馈意见，及时调整教学策略，以满足学生的学习需求。

（三）教学效果评估分析问题

教学效果评估是识别和分析教学问题的重要手段。为了全面、客观地评估教学效果，幼儿园需要制定科学的教学效果评估体系。

这个评估体系应该包括多个方面，如学生的学业成绩、学习态度、学习兴趣等。通过定期对这些方面进行评估，教师可以了解学生在不同学习阶段的表现和进步情况，从而判断教学效果是否达到预期目标。

同时，对比不同时间段的教学效果评估结果也是非常有意义的。通过对比，教师可以发现教学中存在的问题和不足之处，如学生的学习进步是否明显、教学方法是否有效等。这些问题和不足的发现可以为后续的教学改进提供有力的依据。

教学效果评估不仅能够帮助教师识别教学问题，还能推动教师不断改进教学方法和策略，提高教学效果。因此，幼儿园应定期开展教学效果评估工作，以促进教学质量的不断提升。

（四）综合分析，明确改进方向

收集来自各个渠道的反馈和评估结果后，幼儿园需要进行综合分析，以明确教学中存在的问题和具体的改进方向。

首先，要对教学质量进行全面的审视。这包括分析教学内容的难易程度、教学方法的有效性以及学生的学习效果等方面。通过审视，幼儿园可以发现教学中存在的普遍问题和个别案例，为后续改进提供方向。

其次，针对具体问题制订可行的改进方案。如果发现学生在某个知识点上存在普遍困难，幼儿园可以考虑增加相关的教学内容或调整教学方法；如果学生的学习效果不佳，幼儿园可以从激发学生的学习兴趣、提高学生的学习积极性等方面入手进行改进。

三、针对性的教学改进措施

（一）优化教学内容与方法

在教学活动中，内容和方法的优化是提高教学质量的关键。针对学生的学习特点和反馈，幼儿园需要不断地调整和完善教学内容，以确保教学更加贴近学生的实际需求。

首先，当发现学生对某些知识点掌握不够牢固时，幼儿园不能简单地归咎于学生的理解能力或学习态度，而应深入反思教学内容和方法是否得当。为了加强这些薄弱环节，教师可以有针对性地增加相关教学内容，并通过更生动有趣的教学方式来激发学生的学习兴趣。例如，对于幼儿园小班的学生，幼儿园可以通过故事、游戏等形式，将抽象的知识点融入其中，让学生在轻松愉快的氛围中自然而然地掌握知识。

其次，教学方法的创新也是必不可少的。传统的教学方法往往注重知识的灌输，而忽视了学生的主体地位和主动性。为了改变这一现状，幼儿园可以尝试引入新的教学方法和手段，如多媒体教学、游戏化教学以及项目式学习等。多媒体教学能够通过丰富的视听材料激发学生的学习兴趣；游戏化教学则能够让学生在游戏中学习，提高学习的积极性；而项目式学习则能够培养学生的实践能力和团队协作能力。

在实施这些新的教学方法时，幼儿园需要注意以下几点：一是要确保新的教学方法与教学内容相契合；二是要关注学生的反应和接受程度，及时调整教学策略；三是要注重学生的个体差异，因材施教。

（二）加强师生互动与沟通

师生互动与沟通是提升教学质量的重要环节。在教学过程中，教师应积极与学生互动，了解他们的学习情况和需求，以便更好地指导他们。

首先，教师可以通过课堂上的提问和讨论来激发学生的思考。提问不仅可以检验学生对知识点的掌握情况，还能引导他们深入思考，拓展思维。同时，教师还应鼓励学生提出自己的疑问和观点，培养他们的批判性思维和创新能力。

其次，课后的辅导和交流也是必不可少的。教师可以通过一对一的辅导，帮助学生解决学习中的困难和问题。在辅导过程中，教师要耐心倾听学生的诉求，了解他们的学习障碍，并提供有效的解决方案。此外，教师还可以利用课余时间与学生轻松地交流，了解他们的生活和兴趣，从而拉近师生的距离，建立深厚的师生情谊。

为了加强师生互动与沟通，教师还可以利用现代科技手段，如建立微信群、QQ 群等在线交流平台，方便日常的沟通和交流。通过这些平台，教师可以及时发布教学信息、分享学习资源，还能随时解答学生的疑问，提供学习建议。

（三）为教师提供专业发展培训与支持

教师的专业素养和教学能力对教学质量的提升至关重要。因此，为教师提供专业发展培训和支持是幼儿园持续改进教学质量的重要举措。

幼儿园应定期为教师组织各类培训活动，如参加教育研讨会、教学技能培训课程等。这些培训活动可以让教师接触最新的教育理念和教学方法，拓宽他们的教学视野。同时，通过与其他教师的交流和分享，教师还可以汲取他人的教学经验，提升自身的教学水平。

除了外部培训，幼儿园还应鼓励教师进行自我学习和提升。教师可以利用课余时间阅读教育类书籍、观看教学视频等，不断丰富自己的知识储备。同时，幼儿园还可以为教师提供必要的教学资源和支持（如教学软件、课件等），帮助他们更好地进行教学工作。

在提供专业发展培训与支持的同时，幼儿园还应关注教师的心理健康和工作压力。教师可以通过参加心理健康讲座、进行心理咨询等方式来缓解工作压力，提升自我调适能力。一个身心健康、积极向上的教师团队将为幼儿园的教学质量提供有力的保障。

（四）建立激励机制与评价体系

为了激发教师的教学热情和创新精神，幼儿园需要建立一套完善的激励机制和评价体系。它应该能够客观公正地评价教师的教学表现，同时为他们提供相应的激励措施。

首先，幼儿园可以设立教学优秀奖等荣誉奖项，表彰在教学工作中表现突出的教师。这些奖项不仅可以提升教师的职业荣誉感，还能激发他们的教学积极性。同时，幼儿园还可以为教师提供晋升机会和职业发展路径规划，让他们看到自己在幼儿园的未来和发展空间。

其次，建立科学合理的教学评价体系也是至关重要的。这个体系应该包括多个评价维度（如教学内容、教学方法、师生互动等），以全面反映教师的教学水平。在评价过程中，要确保评价的客观性和公正性，避免主观偏见和人为因素的影响。同时，评价结果要及时反馈给教师本人，以便他们了解自己的教学情况并进行改进。

四、持续改进与教学质量提升计划

（一）制订长期教学质量提升规划

为了确保教学质量的持续提升，幼儿园需要制订一份长期的教学质量提升规划。这份规划应该明确幼儿园的教学目标、教学计划以及教学资源配置等方面的内容，为幼儿园的教学工作提供全面指导。

在制订规划时，幼儿园需要充分考虑幼儿园的实际情况和发展需求。例如，针对幼儿园当前存在的教学问题，幼儿园可以制定具体的改进措施和时间表；同时，幼儿园还要根据幼儿园的发展目标，制订长远的教学计划，确保教学活动的连贯性和系统性。

此外，规划的实施过程中要注重灵活性和可调整性。当幼儿园面临新的教学挑战或发展机遇时，幼儿园要及时调整规划内容，以适应新的形势需求。通过不断地完善和调整规划方案，幼儿园可以确保幼儿园的教学质量始终保持在高水平状态。

（二）定期评估与调整教学策略

在实施教学质量提升规划的过程中，定期评估与调整教学策略是至关重要的环节。通过定期评估教学效果、跟踪调查学生学习情况以及及时调整教学策略等措施，幼儿园可以确保教学活动始终与教学目标保持一致并实现教学质量的持续提升。

首先，幼儿园需要建立一套有效的评估机制来定期检测教学效果。这可以包括学生学业成绩的考核、教师教学质量的评价以及家长满意度的调查等方面。通过这些评估数据，幼儿园可以及时了解教学活动的实际效果和存在的问题。

其次，跟踪调查学生的学习情况也是必不可少的。幼儿园可以通过定期的测验、作业检查以及与学生和家长的沟通等方式来了解学生的学习进度和掌握情况。这些数据可以为幼儿园提供宝贵的教学反馈，帮助幼儿园更好地调整教学策略，以满足学生的学习需求。

最后，根据评估结果和学生学习情况的反馈，幼儿园需要及时调整教学策略以保持教学活动的针对性和有效性。这可以包括修改教学内容、改进教学方法以及优化教学资源配置等方面的措施。不断调整和完善教学策略可以确保幼儿园的教学质量得到持续提升。

（三）加强家校合作，共同促进教学质量提升

家庭教育是幼儿园教育的重要延伸和补充，加强家校合作对于提升教学质量具有重要意义。幼儿园应该积极与家长建立沟通渠道，共同关注和支持孩子的学习和发展。

首先，幼儿园可以通过定期的家长会、开放日等活动，邀请家长来园参观、交流和分享，让家长更加了解幼儿园的教育理念、教学方式以及孩子在园的学习情况。这样不仅可以增强家长对幼儿园的信任感，还能促进家长与教师的沟通和

合作。

其次，幼儿园可以积极利用现代科技手段提高家长与教师的交流频率，如建立家长和教师之间的即时通信渠道，方便双方随时沟通和反馈。同时，幼儿园还可以通过网络平台，定期向家长推送孩子的学习情况、活动照片和视频等，让家长更加直观地了解孩子在园的生活和学习状况。

最后，幼儿园还可以邀请家长参与教学活动，如组织亲子活动、家长助教等。这样不仅可以丰富教学内容和形式，还能增进家长与孩子之间的互动和了解。通过这些活动，家长可以更加深入地了解幼儿园的教学方式和要求，从而更好地配合和支持幼儿园的教学工作。同时，家长的参与也能为孩子提供更多的学习资源和经验分享，促进他们的全面发展。

第六章　幼儿园的安全与卫生管理

第一节　安全管理制度的建立

一、制定全面的安全规章制度

（一）校园安全准入规定

为确保幼儿园的安全，首先需要从源头上预防潜在的风险。制定校园安全准入规定是第一步。这些规定应明确哪些人员和物品可以进出幼儿园。例如，对于来访者应实施严格的登记制度，并要求其在访问期间佩戴访客证。此外，危险物品（如易燃、易爆、有毒有害物质等）应严禁进入幼儿园。

同时，应设立安全检查点，对进入幼儿园的人员和物品进行检查，确保规定得到贯彻执行。对于不遵守规定的人员，应给予相应的处罚，以此来强化规章制度的权威性。

（二）日常安全管理制度

除了校园安全准入规定，还需要建立一套完善的日常安全管理制度。这些制度应涵盖幼儿园的各个方面，包括但不限于设施设备的安全使用、幼儿的日常活动管理、食品卫生与安全等。

对于设施设备的安全使用，应定期进行检查和维护，确保其处于良好的工作状态。对于幼儿的日常活动，应有专人进行监管，避免发生意外事故。在食品卫生与安全方面，应严格把控食材的来源和加工过程，确保食品的卫生和质量。

此外，日常安全管理制度还应包括应急预案的制订和演练。幼儿园应定期组织员工进行应急演练，提高员工在紧急情况下的应对能力。

（三）安全事故报告与处理流程

尽管幼儿园希望通过严格的安全管理制度预防事故的发生，但万一发生事故，一个明确的事故报告与处理流程是必不可少的。这个流程应包括事故的及时发现、报告、调查、处理和总结等环节。

当发生事故时，员工应立即向相关负责人报告，并负责保护好现场。相关负责人接到报告后，应迅速组织人员进行调查，了解事故的原因和经过。根据调查结果，应采取相应的措施进行处理，以减轻事故的损失。最后，应对事故进行总结，吸取教训，完善安全管理制度，防止类似事故的再次发生。

二、安全责任体系的建立与执行

（一）明确各级领导与教职工的安全责任

在幼儿园中，安全责任体系的建立是确保安全工作的关键。首先，需要明确各级领导和教职工的安全责任。园长作为幼儿园的最高领导，应对全园的安全工作负总责。各部门负责人则应负责本部门的安全工作，确保各项安全规章制度的贯彻执行。同时，每位教职工也应对自己职责范围内的安全工作负责，形成"层层负责、齐抓共管"的安全责任体系。

（二）设立安全监督机构与人员

为了更有效地执行安全责任体系，幼儿园应设立专门的安全监督机构和配备专职或兼职的安全监督人员。他们的主要职责是监督检查各项安全规章制度的执行情况，发现并纠正存在的安全隐患。同时，他们还应定期组织安全检查和评估，对幼儿园的安全状况进行全面的了解和掌握。

（三）建立安全考核与奖惩机制

要确保安全责任体系的有效执行，还需要建立一套科学的安全考核与奖惩机制。定期的安全考核可以评估各级领导和教职工在安全工作中的表现和成效。对于表现突出的个人或部门，应给予相应的奖励和表彰；对于安全工作不到位或出现安全事故的个人或部门，则应视情况进行处罚或追究责任。这样可以有效地激励全体员工更加重视安全工作，共同维护幼儿园的安全稳定。

（四）定期开展安全隐患排查与整改活动

除了以上的措施，幼儿园还应定期开展安全隐患排查与整改活动。这包括对幼儿园的设施设备、消防器材、安全出口等进行全面的检查和维护。对于发现的安全隐患，应立即进行整改和消除。同时，还应建立安全隐患排查与整改的台账，记录每次排查的时间、地点、发现的问题以及整改措施和结果等信息，以便随时查阅和总结经验教训。

三、安全教育与培训

（一）全体教职工的安全意识培养

安全，是幼儿园最重要的事项之一，因此，全体教职工的安全意识培养显得尤为重要。安全教育是幼儿园不可或缺的一环，它涉及每一个在幼儿园工作的人员，从教师到保育员，从行政人员到后勤人员，每一个人都是孩子安全的重要保障。

为了提升全体教职工的安全意识，幼儿园需要采取多种措施。首先，定期的安全知识讲座是必不可少的。这些讲座可以邀请专业的安全教育讲师或者相关领域的专家来进行，内容应涵盖幼儿园可能遇到的各种安全问题，如火灾预防、意外伤害处理、食品安全等。通过讲座，教职工可以全面了解安全知识，加深对安全问题的认识。

除了讲座，案例分析也是一个非常有效的教育方法。幼儿园可以收集一些与幼儿园相关的安全事故案例，组织教职工进行分析和讨论。通过这种方式，教职工可以更加直观地了解安全事故的严重性和后果，从而更加深刻地认识到安全工作的重要性。

模拟演练则是检验教职工安全意识和应对能力的最好方式。幼儿园可以定期组织各类突发事件的模拟演练，如火灾逃生、地震避险等。通过演练，教职工可以亲身体验和了解在紧急情况下的应对措施，提高自己的应变能力和自我保护能力。同时，演练还可以暴露出教职工在应对突发事件时可能存在的问题和不足，为后续的改进提供依据。

全体教职工的安全意识培养不是一蹴而就的，需要幼儿园长期、持续地投入和努力。只有这样，才能确保每一个在幼儿园工作的教职工都具备强烈的安全意识，为孩子营造一个安全、和谐的成长环境。

（二）幼儿的安全教育与自我保护能力培养

幼儿是幼儿园的主体，也是安全教育的重点对象。由于幼儿年龄小、认知能力有限，他们往往无法准确识别和判断危险，因此，对幼儿进行安全教育和自我保护能力的培养显得尤为重要。

幼儿园应通过多种形式向幼儿传授安全知识和自我保护技能。寓教于乐是一种非常有效的教育方法。教师可以通过设计富有趣味性和互动性的游戏活动，让幼儿在玩耍中学习安全知识。例如，设置模拟交通场景的游戏可教导幼儿如何安全过马路；角色扮演的方式可让幼儿了解遇到陌生人时应如何保护自己。

故事也是幼儿喜爱的学习方式之一。教师可以通过讲述与安全相关的故事，引导幼儿思考和理解安全问题。例如，可以讲述一个关于小朋友在游乐场玩耍时注意安全的故事，或者一个关于小动物如何避免危险的故事。这些故事不仅可以吸引幼儿的注意力，还能让他们在听故事的过程中学习到安全知识。

除了游戏和故事，教师还可以利用日常生活中的实际情境对幼儿进行安全教育。例如，在用餐时间教导幼儿注意食品安全，不吃过期变质的食品；在户外活动时间教导幼儿如何安全使用游乐设施等。这些实际情境的教育方式可以让幼儿更加直观地了解安全知识的重要性，并学会如何在实际生活中应用这些知识。

为了增强幼儿的安全意识和自我保护能力，家长和教师的紧密合作也是必不可少的。家长应积极配合幼儿园的安全教育工作，与幼儿一起进行安全知识的学习和实践。同时，家长和教师还应时刻保持警惕，关注幼儿的安全状况，及时纠正幼儿的不安全行为。

（三）家长的安全教育与沟通协作

家长在幼儿的安全教育中起着至关重要的作用。他们是孩子的第一任教育者，也是孩子最亲近的人。因此，与家长进行安全教育的沟通协作，是幼儿园保障幼儿安全的重要环节。

幼儿园应定期与家长进行沟通，共同关注幼儿的安全问题。这可以通过定期的家长会来实现。在家长会上，教师可以向家长介绍幼儿园的安全规章制度和近期的安全教育活动，同时听取家长的意见和建议。此外，教师还可以利用这个机会向家长传授一些基本的安全知识和应对方法，以便家长在日常生活中更好地教育和保护孩子。

除了家长会，家园联系手册也是与家长进行沟通的有效工具。幼儿园可以定期向家长发放联系手册，其中包含有关安全教育的文章、建议和案例等内容。家长可以通过阅读联系册了解幼儿园的安全教育工作，同时能增强自己的安全意识，更好地配合幼儿园的安全教育工作。

同时，幼儿园还可以利用现代科技手段提高与家长沟通的效率和效果。例如，可以建立微信群或 QQ 群等，方便日常的沟通和交流。通过这些即时通信工具，教师可以及时向家长反馈幼儿在园的安全情况，家长也可以随时向教师咨询和讨论安全问题。

在与家长的沟通协作中，幼儿园还应注重向家长提供相关的安全教育资料。这些资料可以包括安全教育视频、图书、手册等，旨在帮助家长更好地了解和学习安全知识，提高他们的安全教育能力。通过这些资料，家长可以更加科学、有效地进行家庭教育，与幼儿园共同保障幼儿的安全健康成长。

（四）特殊情况下的安全教育与演练

针对地震、火灾、食物中毒等特殊情况，幼儿园需要制订专门的安全教育与演练计划。

首先，幼儿园应组织地震应急疏散演练。模拟地震发生时的场景可教导幼儿如何在短时间内快速、有序地疏散到安全地带。在演练过程中，教师应引导幼儿保持冷静、不慌乱，并教会他们正确的躲避姿势和逃生方法。同时，幼儿园还应定期检查建筑物的结构安全性，确保在地震等自然灾害发生时能够为幼儿提供足够的保护。

其次，幼儿园应开展火灾逃生演练。模拟火灾现场可让幼儿了解火灾的危害性和逃生的紧迫性。在演练中，教师应教会幼儿寻找安全出口、使用湿毛巾捂住口鼻等逃生技巧。此外，幼儿园还应确保每个楼层都配备足够的灭火器材，并定期检查其有效性。

对于食物中毒等公共卫生事件，幼儿园应加强对食品卫生安全的管理和监督，定期组织食品安全知识讲座，提高教职工和幼儿的食品安全意识。同时，幼儿园应严格把控食品采购、加工、储存等环节的卫生标准，确保幼儿饮食的安全健康。在发现食物中毒等突发公共卫生事件时，幼儿园应立即启动应急预案，组织专业人员进行救治和处理。

通过特殊情况下的安全教育与演练，幼儿园可以提高教职工和幼儿在紧急情况下的应变能力、自我保护能力。这些演练活动不仅能检验安全规章制度的执行情况和安全措施的有效性，还能为幼儿园的安全管理提供有力的保障。同时，这些活动也有助于培养幼儿的团队协作精神和互助意识，为他们的未来发展打下坚实的基础。

第二节 卫生保健与疾病预防

一、日常卫生保健制度的落实

（一）建立并执行严格的卫生清洁制度

为了营造一个整洁、卫生、安全的幼儿园环境，确保幼儿的身心健康，幼儿园必须建立一套严格的卫生清洁制度，并坚持不懈地执行下去。制度的建立并非一蹴而就，而是需要全园师生的共同努力和维护。

首先，幼儿园要对幼儿园内的各类场所进行定期、全面的清洁和消毒。这包括宽敞明亮的教室、充满欢声笑语的活动室、干净的餐厅以及洗手间等。每一处角落，每一件物品，都不能忽视。幼儿园要确保这些场所的清洁卫生达到相关标准，为孩子营造一个干净整洁的学习和生活环境。

在执行清洁工作时，所有的清洁工作都应在幼儿不在场时进行。这是为了避免对幼儿造成不良影响，让他们在清洁过程中不会吸入有害气体或接触危险的清洁工具。同时，幼儿园在选择清洁用品和消毒剂时，也要严格遵循相关标准，确保其安全无害、环保健康。

当然，制度的执行并非仅靠工作人员的努力就能完成。幼儿园还需要教育孩子养成良好的卫生习惯，让他们成为维护幼儿园卫生环境的"小小守护者"。比如，幼儿园可以引导孩子在饭前便后自觉洗手、不随地吐痰、不乱扔垃圾等。这些看似微不足道的举动，实则是培养孩子良好卫生习惯的重要机会。

（二）个人卫生与健康教育

个人卫生是关乎每个人健康的重要因素，对于幼儿来说更是如此。幼儿期是个人卫生习惯养成的关键时期，因此幼儿园需要经常教育幼儿注意个人卫生。这包括勤洗手、剪指甲、保持口腔卫生等基本卫生习惯。

为了更有效地进行健康教育，幼儿园会定期开展丰富多彩的健康教育活动。这些活动以互动、游戏的形式进行，旨在向幼儿传授健康知识。例如，幼儿园会通过讲故事、看动画、做游戏等方式，让孩子了解细菌的危害、洗手的重要性以及如何正确刷牙等健康知识。

除了针对幼儿的教育，幼儿园也会对工作人员进行定期的卫生保健培训。这些培训旨在增强工作人员的卫生保健意识和能力，使他们能够更好地照顾和教育幼儿。通过专业培训，工作人员可以更加深入地了解幼儿的生理和心理特点，掌握科学的照顾方法和教育技巧。

（三）环境卫生与安全防护

环境卫生不仅关乎幼儿园的整体形象，更直接影响幼儿的身心健康。因此，幼儿园会始终保持园区内部的清洁和整洁。这包括定期清扫地面、擦拭桌椅、清洗玩具和书籍等。同时，幼儿园也会关注园区周围的环境卫生，如定期清理垃圾、修剪草木等，为孩子营造一个美丽、舒适的学习和生活环境。

在做好环境卫生的同时，安全防护工作也是幼儿园关注的重点。幼儿园要确保园内的设施和设备安全可靠，为孩子提供一个安全、无隐患的学习环境。例如，幼儿园会定期检查游乐设施的安全性，确保其结构稳固、无锋利边角；幼儿园还会定期检查电器设备的正常运行情况，避免因设备故障而对孩子造成伤害。

二、幼儿健康检查与监测

（一）入园前的健康检查

在幼儿正式入园之前，进行全面细致的健康检查是至关重要的环节。这不仅有助于确保每个幼儿在入园时都具备良好的健康状况，还能及时发现潜在的健康问题，从而采取相应的预防和治疗措施。

健康检查的内容涵盖了多个方面，包括体格检查、视力听力测试以及心理评估等。体格检查主要关注幼儿的生长发育情况，检查身高、体重、心肺功能等基本指标。视力听力测试则旨在发现幼儿是否存在感官障碍，确保他们能够及时感知外界信息。心理评估则有助于了解幼儿的心理发展状况，为后续的教育提供有针对性的指导。

（二）定期的健康监测

幼儿期是生长发育迅速的时期，因此定期进行健康监测至关重要。幼儿园会根据幼儿的年龄和生长发育特点，制订合理的监测计划。监测内容涵盖身高、体重、视力、听力等方面，以便全面了解幼儿的生长发育状况。

通过定期的健康监测，幼儿园能够及时发现幼儿的生长发育异常，比如身高体重不达标、视力听力下降等问题。一旦发现异常情况，幼儿园会及时与家长沟通，共同商讨解决方案，确保幼儿能够健康成长。

（三）特殊情况的关注与处理

在幼儿园中，有些幼儿可能患有特殊疾病或存在过敏史，这些情况需要得到特别关注和照顾。对于这类幼儿，幼儿园会制订个性化的照顾计划，确保他们的健康状况得到有效管理。

例如，对于有哮喘、过敏等疾病的幼儿，幼儿园会详细了解他们的病史和用药情况，并配备相应的急救药品和设备。同时，幼儿园也会加强对这些幼儿的生活照顾，避免他们因接触过敏原而诱发哮喘。

在与家长的沟通方面，幼儿园会定期与家长交流幼儿的健康状况和照顾情况，共同关注和处理幼儿的健康问题。通过家园共育的方式，幼儿园能够为特殊幼儿提供更为全面、细致的照顾。

（四）健康档案的建立与管理

为了更好地记录和管理幼儿的健康状况，幼儿园会为每个幼儿建立详细的健康档案。这份档案将伴随幼儿度过在幼儿园的时光，成为他们健康成长的见证。

健康档案中包含了幼儿的基本信息，如姓名、年龄、性别等，以及历次的健康检查记录、疫苗接种情况等重要内容。通过这些信息的记录和更新，幼儿园能够更全面地了解幼儿的健康状况，及时发现并处理其潜在的健康问题。

同时，健康档案也为后续的卫生保健工作提供了有力的依据。医生、教师和家长都可以通过查看档案来了解幼儿的健康状况和发展趋势，从而为他们提供更为精准、个性化的照顾和教育。

三、饮食卫生与营养管理

（一）食材选择与采购管理

食材的选择与采购管理是确保幼儿饮食安全的首要环节。为了确保食材的高品质和安全性，幼儿园会严格筛选食材供应商，不仅考虑价格因素，更重视食材的质量和安全。所有供应商都需要提供相关的质量认证和食品安全证明，以确保他们供应的食材符合国家相关标准和规定。

采购过程中，幼儿园始终坚持对食材进行严格的验收和登记。每一批次的食材都会进行详细的检查，包括但不限于外观、气味、新鲜度等，确保没有过期变质的食材进入厨房。同时，幼儿园会对所有采购的食材进行登记，以便追踪食材的来源和去向，为食品安全提供有力的保障。

为了确保食材的高品质，幼儿园还会定期对供应商进行评估和审查。这不仅是对供应商的一种监督，也是对幼儿园自身食品安全责任的一种落实。通过这种方式，幼儿园可以及时发现问题，并采取有效措施进行整改，从而确保幼儿的饮食安全。

（二）食品加工与制作流程规范

食品加工与制作流程的规范性对于保证食品质量和安全至关重要。幼儿园的厨房工作人员都接受过专业的培训，深知食品加工的重要性，并严格按照卫生规范和操作流程进行工作。

在食品加工过程中，幼儿园始终遵循生熟食品分开处理的原则，使用不同的案板、刀具和容器，以避免交叉污染。同时，幼儿园注重食品加工环境的卫生管理，定期对厨房设备和餐具进行消毒和清洁，确保食品加工环境的整洁和卫生。

为了进一步提高食品加工的安全性，幼儿园还会对食品加工过程进行严格的监督和管理。管理人员会定期巡查厨房，检查食品加工流程的规范性和卫生情况，及时发现问题并进行整改。通过这种方式，幼儿园可以最大限度地确保食品加工的质量和安全性。

（三）营养搭配与膳食计划制订

营养是幼儿生长发育的重要基础,因此幼儿园高度重视幼儿的膳食营养搭配。为了满足幼儿生长发育的需要,幼儿园会根据幼儿的年龄、性别、身体状况等因素,结合营养学的知识,制订合理的膳食计划。

在膳食计划的制订过程中,幼儿园注重营养素的均衡摄入。每餐都会提供适量的蛋白质、脂肪、碳水化合物等营养素,以满足幼儿的身体发育需求。同时,幼儿园还会增加富含维生素和矿物质的食材,如新鲜蔬菜、水果等,以促进幼儿的全面健康发展。

为了确保膳食计划的实施效果,幼儿园还会定期对幼儿的营养摄入情况进行评估和调整。通过这种方式,幼儿园可以及时发现并解决幼儿营养摄入不足或过量的问题,从而确保他们的健康成长。

（四）饮食健康教育与引导

除了提供健康的饮食环境,幼儿园还会积极开展饮食健康教育活动。这些活动旨在向幼儿传授健康饮食的知识和技能,帮助他们了解健康饮食的重要性,并养成良好的饮食习惯。

在活动中,幼儿园会通过讲解、示范、互动游戏等形式,向幼儿介绍各种食物的营养成分、如何选择健康的食物以及合理的饮食搭配等。同时,幼儿园还会教育幼儿注意饮食的卫生和安全,避免食品污染和食物中毒等食品安全问题。

为了更好地促进家园共育,幼儿园还会与家长保持密切的沟通。幼儿园会定期向家长反馈幼儿在园的饮食情况,提供个性化的饮食建议,并鼓励家长在家中也为幼儿提供健康的饮食环境。通过这种方式,幼儿园可以共同引导幼儿形成健康的饮食习惯,为他们的健康成长打下坚实的基础。

四、传染病的预防与控制

（一）预防措施的落实

在幼儿园中,传染病的预防与控制工作至关重要。为了确保幼儿的健康和安全,幼儿园会采取一系列预防措施来降低传染病的传播风险。

首先，幼儿园会定期开窗通风，保持室内空气新鲜，减少病菌滋生的机会。同时，幼儿园会保持室内外干净整洁，定期对园区进行全面的清洁和消毒工作。这些措施可以有效减少病菌的存活和传播。

除了环境卫生管理，幼儿园还会教育幼儿养成良好的卫生习惯。幼儿园会教导幼儿勤洗手、不随地吐痰等基本的卫生知识，并督促他们在日常生活中落实这些习惯。这种方式可以提高幼儿的自我保护能力，降低感染风险。

（二）传染病监测与报告机制建立

为了及时发现和控制传染病的传播，幼儿园建立了完善的传染病监测与报告机制。幼儿园会密切关注幼儿的健康状况，一旦发现幼儿出现疑似传染病的症状或体征，如发热、咳嗽、皮疹等，幼儿园会立即进行隔离观察，并通知家长及时带孩子就医。

在隔离观察期间，幼儿园会与家长保持密切的沟通，及时了解幼儿的病情进展和诊断结果。如果确诊为传染病，幼儿园会立即向上级卫生部门报告相关情况，以便及时采取措施防止疫情扩散。同时，幼儿园也会对其他幼儿进行密切观察和监测，确保疫情不进一步蔓延。

（三）应急处理预案的制订与实施

为了应对可能发生的传染病疫情，幼儿园制订了详细的应急处理预案，并定期进行演练和培训。预案中包括了疫情报告、隔离救治、环境消毒、宣传教育等方面的内容和措施。

一旦发生疫情，幼儿园会立即启动预案并按照流程进行处理和应对。幼儿园会迅速组织人员对疫情进行详细的调查和分析，确定感染源和传播途径，并采取相应的控制措施。同时，幼儿园会与医疗机构保持密切的沟通，确保患儿得到及时有效的救治。

（四）家园共防，加强沟通与协作

传染病的预防与控制需要家园共同努力。为了加强与家长的沟通和协作，幼儿园会定期向家长发布健康提示和疾病预防知识，增强他们的防范意识和能力。同时，幼儿园也会及时与家长沟通幼儿的健康状况和疫情防控情况，共同做好幼儿的健康监测和疾病预防工作。

第三节　应急预案与危机处理

　　幼儿园作为孩子成长的摇篮，安全与卫生管理至关重要。在面对突发事件或危机时，如何迅速、有效地应对，是幼儿园管理者和教师必须面对的重要课题。本节将从制订应急预案与演练计划、建立快速响应机制、危机事件的报告与处理，以及事后总结与改进四个方面详细阐述幼儿园应急预案与危机处理的相关内容。

一、制订应急预案与演练计划

（一）明确应急预案的重要性

　　应急预案在幼儿园安全管理中占据着举足轻重的地位。孩子是社会的未来，是家庭的希望，他们的安全无小事。而幼儿园作为孩子成长的重要场所，其安全管理尤为关键。应急预案的制订，就是为了在面临突发事件或危急情况时，能够有一套科学、合理、有效的应对方案，最大限度地保护孩子的安全。

　　想象一下，如果幼儿园突然发生火灾，没有应急预案的情况下，很可能会引发恐慌和混乱。而有了应急预案，教职员工就能迅速按照预案中的指导，有序地疏散孩子，使用灭火器材，甚至与消防部门及时沟通，从而大大减少潜在的伤害。

　　不仅如此，应急预案还能在食物中毒、传染病暴发等公共卫生事件中发挥重要作用。通过提前规划和准备，幼儿园可以在第一时间采取隔离、救治、通报等措施，有效控制事态的发展，确保孩子的身体健康。

　　因此，应急预案在幼儿园安全管理中处于核心地位。它不仅是一份文档，更是一份对孩子生命安全的庄重承诺。

（二）制订全面的应急预案

　　制订全面的应急预案是幼儿园安全管理的基石。一个完善的应急预案应该涵盖多种可能出现的危机情况，包括但不限于火灾、地震、食物中毒和传染病暴发等。这样，无论面对何种突发状况，幼儿园都能有备无患，从容应对。

　　在制订应急预案的过程中，必须充分考虑幼儿园的实际情况，包括园所的布局、孩子的年龄特点、教职员工的能力等。例如，针对火灾的应急预案，就需要明确疏散路线、集合地点以及如何与消防部门协调等细节。而对于食物中毒或传染病暴发，应急预案中则应包含隔离措施、医疗救治、家长沟通等环节。

除了具体的应对措施，应急预案中还应明确人员分工和职责。在紧急情况下，每个人都应该知道自己该做什么，如何做，以及如何与其他人协作。这样，即使面临危机，幼儿园也能形成一个有序、高效的应对体系。

（三）定期组织应急演练

"实践是检验真理的唯一标准。"这句话同样适用于应急预案。只有通过定期的应急演练，才能确保应急预案的可行性和实用性。演练不仅能让教职员工熟悉应急预案内容，还能在模拟的紧急情况下，检验他们的应变能力和协作精神。

演练过程中，可以邀请专业人士进行现场指导，及时发现并纠正存在的问题。同时，演练还能让孩子了解在紧急情况下的正确应对方法，增强他们的自我保护意识。比如，在火灾演练中，孩子可以学习到如何快速、有序地疏散，如何在烟雾中保持低姿态前进等实用技能。

演练结束后，务必要做好总结和分析工作。这包括评估演练的效果，识别可能存在的问题，以及针对这些问题提出改进措施。只有这样，才能不断完善应急预案，确保其始终与幼儿园的实际情况相匹配。

二、建立快速响应机制

（一）建立紧急联络网

在幼儿园安全管理中，建立紧急联络网的重要性不言而喻。紧急联络网就像是一张安全网，能够在危机事件发生时，迅速将相关信息传递给所有相关人员，从而确保及时、有效响应。

紧急联络网应该包括幼儿园内部的联络方式和外部相关部门的联系方式。幼儿园内部的联系方式应涵盖所有教职工，以便在紧急情况下能够迅速传达指令和协调行动。而外部相关部门的联系方式则包括消防、医疗、警察等紧急服务部门，以便在需要时能够迅速寻求专业援助。

为了确保紧急联络网的有效性，幼儿园需要定期更新和测试这些联系方式。

同时，所有教职员工都应熟悉紧急联络网，以便在需要时能够快速联系相关人员。这样，一旦发生紧急情况，幼儿园就能迅速启动应急响应机制，最大限度地保护孩子的安全。

（二）指定紧急响应小组

在幼儿园中需要一个专门的紧急响应小组，他们将在危机事件发生时迅速介入并采取有效措施，确保孩子和全体教职员工的安全。这个小组的成员应包括具有丰富经验和专业知识的园长、教师、保育员等。

紧急响应小组的职责包括但不限于：在紧急情况下进行快速评估，制定并执行应对措施，与外部紧急服务部门进行沟通协调，以及负责事后的恢复和总结工作。为了确保小组的高效运作，幼儿园需要定期召开会议，对各类危机事件进行深入讨论，制定相应的应对策略。

此外，紧急响应小组还需要密切关注幼儿园内外部环境的变化，及时调整和完善应急预案。如果幼儿园周边地区发生了重大自然灾害，小组就需要迅速行动，对幼儿园的设施进行全面检查，确保其安全性，同时加强与家长和外部机构的沟通，共同为孩子营造一个安全、稳定的学习环境。

（三）配备必要的应急设施和设备

"工欲善其事，必先利其器。"在幼儿园安全管理中，这句话同样适用。为了确保在危机事件发生时能够迅速、有效响应，幼儿园必须配备必要的应急设施和设备。

首先，针对火灾等突发情况，幼儿园应安装火灾报警器和灭火器等应急设施。这些设施能够在火灾初期及时发现并控制火势，为疏散和救援赢得宝贵时间。同时，幼儿园还应定期检查这些设施的运行状况，确保其随时处于良好状态。

其次，为了应对突发的医疗紧急情况，幼儿园应准备急救箱和常用药品。这样在孩子受伤或生病时，才能够迅速进行初步的处理和救治。此外，幼儿园还应与附近的医疗机构建立紧密联系，以便在需要时能够及时转运和救治患儿。

除了上述设施和设备，幼儿园还应根据实际情况，配备其他必要的应急设施和设备。例如，在地震多发地区，幼儿园可以加固建筑结构，安装地震预警系统等。

总之，通过配备必要的应急设施和设备，幼儿园能够大幅提升在危机事件中的应对能力，确保孩子的安全。

（四）增强教职员工的应急意识和能力

教职员工是幼儿园安全管理的第一道防线。他们的应急意识和能力直接关系孩子的安全。因此，增强教职员工的应急意识和能力至关重要。

幼儿园应定期组织相关的培训和教育活动，让教职员工深入了解各种危机情况的应对方法。例如，可以邀请专业人士进行消防安全、急救技能等方面的培训。通过这些培训，教职员工不仅能够掌握基本的应急知识和技能，还能在模拟的紧急情况下进行实践操作，提升自己的应变能力。

此外，鼓励教职员工在日常工作中时刻保持警惕，及时发现和处理潜在的安全隐患也是非常重要的。幼儿园可以设立安全隐患报告机制，对于及时发现并报告安全隐患的教职员工给予奖励和表彰。这样，不仅能够及时发现和处理安全隐患，还能在全体员工中营造良好的安全意识氛围。

三、危机事件的报告与处理

（一）及时报告危机事件

在幼儿园的日常运营过程中，危机事件是难以完全避免的。一旦发生如火灾、食物中毒、意外伤害等危机事件，迅速且准确地报告就显得至关重要。幼儿园必须立即向上级主管部门和相关机构报告此类事件，确保信息的及时传递。

报告的内容应详尽而准确，包括但不限于事件的时间、地点、人员伤亡情况，以及幼儿园已经采取或计划采取的措施。这样的报告不仅能帮助主管部门和相关机构全面了解事态，还能为他们提供决策依据，以便迅速而有效地进行援助。

同时，保持通信的畅通无阻也是至关重要的。在危机事件发生时，幼儿园应确保有专门的通信渠道与相关部门保持联系，随时接受他们的指导和援助。这要求幼儿园在平时就要建立完善的通信系统，并进行定期的测试和维护，以确保在关键时刻能够发挥作用。

（二）迅速启动应急预案

危机事件发生时，除了及时报告，幼儿园还需要迅速启动应急预案。这一环节的关键在于"迅速"和"准确"。幼儿园应在第一时间组织教职员工进行紧急疏散、救援和安置工作，确保孩子的安全得到最大程度的保障。

应急预案应详细列出在各类危机事件发生时应采取的措施，包括疏散路线、集结地点、救援步骤等。此外，预案还应考虑各种可能出现的复杂情况，并制定相应的应对措施。

在执行应急预案的过程中，教职员工的角色和责任必须明确。每个人都应知道自己在危机事件中的具体任务，以及如何与其他人协同工作。这种明确的分工和高效的协作，可以确保应急预案的顺利实施，从而最大程度减少人员伤亡和财产损失。

（三）与相关部门密切合作

面对危机事件，幼儿园不能孤军奋战，与消防、医疗、警察等相关部门的密切合作是应对危机的关键。幼儿园应遵循这些部门的指示和建议，与他们共同应对危机事件。

在合作过程中，幼儿园要为相关部门提供必要的支持和协助。这包括提供现场信息、协助疏散和救援工作、确保相关人员安全等。有效合作可以更好地开展救援和处理工作，降低危机事件带来的损失。

（四）关注舆情和家属沟通

在危机事件发生后，幼儿园还需要密切关注舆情。随着信息的迅速传播，社会对事件的关注和质疑也会不断增加。幼儿园应及时回应这些关切和质疑，向有关部门提供准确的信息，消除公众的误解和恐慌。

同时，与家属沟通也是至关重要的。幼儿园应积极与家属保持联系，及时告知他们事件的进展和孩子的安全情况。这种公开、透明的方式可以增强家属对幼儿园的信任和支持，也有助于稳定他们的情绪。

四、事后总结与改进

（一）总结危机处理经验

当危机事件得到妥善处理后，幼儿园需要对整个过程进行全面总结。这个总结不仅是对已发生事件的回顾，更是一个提炼经验教训、发现不足并寻求改进的过程。

在总结中，幼儿园应分析处理过程中的优点和不足。对于成功的做法和经验，要进行总结和提炼，以便在今后的工作中继续运用。对于存在的问题和不足，要深入剖析原因，并思考如何避免类似问题的再次发生。

此外，通过总结还可以发现应急预案和实际操作之间的差距。这种差距可能是由于应急预案的不完善、教职员工的培训不足或其他原因造成的。了解这些差距有助于幼儿园在未来的危机处理中做出更准确的预判和更有效的应对。

（二）完善应急预案和响应机制

根据总结的经验教训，幼儿园需要对应急预案进行修订和完善。这包括更新应急预案中的措施和步骤、明确教职员工的角色和责任、优化资源配置等。不断完善应急预案可以提高幼儿园在危机事件中的应对能力和效率。

同时，加强教职员工的培训和演练也是必不可少的。只有让教职员工熟悉应急预案的内容和操作流程，才能在危机事件发生时迅速而准确地执行预案。因此，幼儿园应定期组织培训和演练活动，提高教职员工的应急处理能力和水平。

（三）加强与相关部门的合作与沟通

危机事件的处理往往需要多个部门的协同作战。因此，加强与消防、医疗、警察等相关部门的合作与沟通至关重要。幼儿园应建立定期的交流机制，与这些部门共同探讨危机处理的最佳实践和方法。

通过合作与沟通，幼儿园可以及时了解相关部门的工作流程和需求，以便在危机事件发生时能够更好地配合他们的工作。同时，这种合作也有助于提升幼儿园在危机处理中的应对能力和效率。

第七章　幼儿园与家长的沟通和合作

第一节　家长会的组织与管理

一、定期召开家长会的规划与实施

（一）明确家长会的目的和意义

家长会是幼儿园与家长沟通的重要途径。通过定期召开家长会，幼儿园可以向家长传达教育理念，介绍幼儿在园的学习和生活情况，同时能了解家长的需求和意见，进一步促进家园共育。因此，明确家长会的目的和意义，是组织成功家长会的第一步。

召开家长会之前，幼儿园应明确本次家长会的主题和重点，确保会议内容紧扣幼儿园教育目标和家长关心的问题。同时，我们也要让家长认识到参加家长会的重要性，提高他们的参与度，共同为幼儿的成长贡献力量。

（二）制订合理的家长会计划

为确保家长会的顺利进行，幼儿园需提前制订合理的计划。这包括确定会议的时间、地点、参加人员以及会议议程等。在选择时间时，要充分考虑家长的日程安排，选择大多数家长都能参加的时间段。地点则要确保宽敞、明亮、安静，为家长提供一个舒适的交流环境。

此外，幼儿园还需根据会议主题和议程，邀请相关教育专家或教师进行专题讲座，为家长提供专业的指导和建议。同时，我们也要预留足够的时间供家长提问和交流，以满足他们的不同需求。

（三）做好家长会的宣传工作

为确保家长会的参与度和效果，幼儿园需提前做好宣传工作。这包括通过家长微信群、幼儿园公告栏等渠道发布家长会通知，明确会议的时间、地点和主题。同时，也可以向家长介绍会议的重要性和亮点，提高他们的兴趣和参与度。

在宣传过程中，幼儿园还可以利用一些创意手段吸引家长的注意。例如，可以制作精美的海报或邀请函或设计一些小游戏和互动环节，以增加家长会的趣味性和互动性。

（四）做好会议的后勤保障工作

家长会的成功召开离不开后勤保障工作的支持。幼儿园需提前准备好会议所需的场地、设施以及相关资料。例如，要确保会议室座椅数量充足且舒适，音响设备运行正常，以便家长能够清晰地听到讲座内容。

同时，幼儿园还要安排好茶歇和休息时间，为家长提供必要的饮品和小吃等服务。这些细节上的关怀能够让家长感受到幼儿园的用心和专业性，从而更加信任和支持幼儿园的工作。

二、家长会内容的策划与准备

（一）确定家长会的主题和重点

在策划家长会内容时，首先要明确会议的主题和重点。主题要围绕幼儿园教育目标和家长关心的问题来设定，确保会议内容具有针对性和实用性。同时，也要根据幼儿的年龄特点和发展需求来制定具体的议题和讨论点。

例如，针对小班幼儿的家长会，可以重点讨论如何帮助幼儿适应幼儿园生活、培养良好的生活习惯等议题；而针对大班幼儿的家长会，则可以关注幼小衔接、学习品质培养等方面的话题。

（二）邀请专业人士举办讲座或分享

为了提高家长会的质量和专业性，幼儿园可以邀请教育专家、心理咨询师或经验丰富的教师举办讲座或分享。他们可以从专业的角度为家长解答疑惑、提供建议和指导，帮助家长更好地了解和支持幼儿的发展。

在选择讲座嘉宾时，幼儿园要充分考虑其专业背景和实际经验是否与会议主题相关，以确保讲座内容的权威性和实用性。同时，也要与嘉宾提前沟通好讲座内容和形式，确保会议效果达到预期目标。

（三）准备相关资料和展示材料

为了让家长更加直观地了解幼儿在园的学习和生活情况，幼儿园需要准备相关的资料和展示材料。这包括幼儿的作品集、活动照片、视频等多媒体资料以及教育成果汇报等文字材料。这些资料和材料可以展示幼儿在不同领域的发展成果和进步情况，增强家长对幼儿园教育的信心和认可度。

同时，幼儿园还可以利用这些资料和材料与家长进行互动交流，引导他们更加关注和支持幼儿的发展。例如，可以设置互动环节，让家长观看视频后分享自己的感受和想法，或者组织小组讨论，让家长共同探讨教育话题等。

（四）制定会议流程和时间安排表

为了确保家长会的顺利进行并充分利用时间资源，幼儿园需要制定详细的会议流程和时间安排表。这包括确定每个环节的时长、主讲人以及活动内容等要素，并确保各个环节之间的衔接紧凑且合理。

在制定流程时，幼儿园要充分考虑家长的参与度和兴趣点，设置互动环节和提问时间，以增加会议的趣味性和互动性。同时要注意控制会议时长，以避免出现家长疲劳和注意力不集中等问题。

三、有效的家长会沟通技巧

（一）倾听与理解家长的需求和关注点

有效的沟通建立在倾听和理解的基础上。在家长会中，教师要学会倾听家长的声音，了解他们的需求和关注点，以便更好地为他们提供支持和帮助。当家长表达自己的观点和想法时，教师要保持耐心和尊重，不要打断或贬低他们的意见。同时，教师也要通过积极反馈来鼓励家长多发表看法和建议。

（二）清晰明了地传达信息

在家长会中，教师需要清晰明了地传达幼儿园的教育理念、教学目标以及幼儿在园的表现等信息。为了避免信息传达不清或误解的情况发生，教师在表达时要尽量使用简洁明了的语言，并注意语速和语调的控制。同时，教师还可以利用图表、图片等辅助工具来帮助家长更好地理解和记忆所传达的信息。

（三）采用积极的沟通技巧和方式

积极的沟通技巧和方式对于建立良好的家园关系至关重要。在家长会中，教师要注重与家长的互动交流，鼓励他们提出问题和建议。当面对家长的质疑或批评时，教师要保持冷静和客观的态度，积极回应并寻求解决方案。同时，教师也要善于运用赞美和鼓励的语言来增强家长的信心和参与度。例如，可以表扬积极参与讨论的家长或者感谢他们为幼儿园提供的支持和帮助等。

通过以上措施的实施，幼儿园可以建立一个积极、有效的家长会沟通机制，促进家园之间的合作与交流，为幼儿的全面发展创造更加有利的环境。

第二节　家长参与教育活动的策略

一、鼓励家长参与课程设计

（一）建立家长与教师之间的即时沟通渠道

要建立有效的家长参与课程设计机制，首先需要建立一条畅通无阻的即时沟通渠道。通过定期的家长会、微信群、电话沟通等方式，教师可以及时向家长反馈孩子在幼儿园的学习和生活情况，同时征求家长的意见和建议。家长也可以随时向教师反映自己的想法和需求，以便更好地参与课程设计。这种即时的沟通能够让家长感受到自己的参与是有价值的，同时能够让教师更加了解家长和孩子的需求，从而设计更加符合孩子兴趣和发展的课程。

（二）邀请家长参与课程内容的讨论与选择

幼儿园可以定期邀请家长参与课程内容的讨论和选择。组织家长座谈会、问卷调查等方式可以收集家长对课程内容的意见和建议。这样不仅可以提高家长的参与度，还能够让教师更加全面地了解家长的需求和期望，从而调整和优化课程内容。同时，家长在讨论和选择课程内容的过程中，也能够更加深入地了解幼儿园的教育理念和教学方式，从而更好地配合幼儿园的教育工作。

（三）鼓励家长分享自己的专业知识和经验

每个家长都有自己的专业知识和独特经验，这些都是宝贵的教育资源。幼儿园应该鼓励家长分享自己的专业知识和经验，将其融入课程设计。例如，可以邀请从事不同职业的家长来幼儿园举办讲座或示范教学，让孩子了解不同职业的特点和工作内容。这样不仅可以丰富课程内容，还能够拓宽孩子的视野，激发他们的学习兴趣。

（四）对家长参与课程设计给予肯定和激励

为了保持家长参与课程设计的积极性，幼儿园应该对家长的参与给予肯定和激励。颁发证书、发表感谢信等方式可表达对家长参与的认可和感激。同时，也可以在幼儿园内部进行宣传，让其他家长了解参与课程设计的重要性和意义。这样可以激发更多家长参与课程设计，形成良性的互动和循环。

二、亲子活动的组织与实施

（一）明确亲子活动的目标和内容

在组织亲子活动之前，幼儿园必须首先明确活动的目标和内容。这是确保活动成功的第一步，也是至关重要的一步。活动目标的设定应该紧密围绕幼儿园的教育目标，旨在促进亲子关系，增进家长与幼儿园之间的合作，以及提高孩子的综合能力。这些目标不仅体现了活动的教育价值，也为幼儿园制定活动内容提供了明确的指导。

活动内容的设定则需要兼顾趣味性和教育性。幼儿园要选择那些能够吸引孩子和家长积极参与的活动，让孩子在玩乐中学习，增长知识和技能。同时，活动内容的难度也要适中。过于简单的活动可能让孩子失去挑战的乐趣，而过于复杂的活动则可能让他们感到挫败。幼儿园要确保活动既能让孩子感到挑战，又能在家长的陪伴和帮助下顺利完成。

为了更具体地明确活动目标和内容，幼儿园可以结合幼儿园的实际情况和孩子的兴趣爱好来制定。例如，幼儿园可以组织一次以"探索自然"为主题的亲子活动，让孩子和家长一起走进大自然，观察动植物，了解自然界的奥秘。这样的活动既能增进亲子关系，又能培养孩子的观察力和思考能力。

（二）制订详细的活动计划和流程

制订详细的活动计划和流程是确保亲子活动顺利进行的关键步骤。一个好的计划应该涵盖活动的方方面面，包括活动的时间、地点、人员分工以及物资准备等。这不仅可以帮助幼儿园更好地组织和管理活动，还能有效应对可能出现的突发情况。

首先，幼儿园需要确定活动的具体时间，并确保这个时间段内能够充分展开活动并达到预期的效果。接着，选择一个宽敞、安全且设施完备的场地作为活动地点，以确保活动的顺利进行。

在人员分工方面，幼儿园要明确每个参与者的角色和责任，确保活动过程中有人负责引导、有人负责安全、有人负责物资准备等。这种明确的分工可以提高活动的效率，并确保每个环节都有人负责。

此外，物资准备也是活动计划中不可或缺的一部分。幼儿园需要提前列出所需的物资清单，并安排专人进行采购和准备。这包括但不限于活动道具、奖品、安全防护用品等。

除了以上基本内容，幼儿园还需要在活动计划中考虑到可能出现的突发情况和应对措施。如果天气突然变化，幼儿园需要有备用的室内场地；如果活动中出现意外受伤的情况，幼儿园需要有急救箱和紧急联系医疗机构的应急预案。

在活动过程中，幼儿园要严格按照计划逐步推进，确保每个环节都能够得到有效实施。同时，幼儿园也要根据实际情况灵活调整计划，以应对可能出现的各种情况。

（三）鼓励家长和孩子共同参与活动准备

亲子活动的成功，离不开家长和孩子的积极参与。而活动准备阶段，正是一个绝佳的机会，让家长和孩子共同参与其中，增进彼此之间的交流与合作。

幼儿园可以邀请家长协助孩子一起制作活动道具。这不仅能减轻教师的负担，还能让家长和孩子在共同制作道具的过程中体验亲子合作的乐趣。比如，在制作面具、装饰物等道具时，家长可以引导孩子发挥想象力，一起设计独一无二的作品。这样的经历不仅能增进亲子之间的感情，还能让孩子感受到家长的关爱和支持。

除了制作道具，家长还可以和孩子一起准备表演节目。这不仅能展示孩子的才艺，还能提高他们的自信心和舞台表现力。在准备节目的过程中，家长可以给予孩子鼓励和支持，让他们在面对观众时更加从容自信。同时，家长也可以借此机会了解孩子在幼儿园的学习和生活情况，进一步加深彼此之间的了解。

通过鼓励家长和孩子共同参与活动准备，幼儿园不仅能确保活动的顺利进行，还能让家长和孩子更加深入地了解活动的内容和目的。这种参与感和归属感将促使他们更加积极地投入活动，从而收获更多的快乐。

（四）及时总结活动成果并反馈给家长

每一次亲子活动的结束，并不意味着工作的终结，反而是一个新的开始。活动结束后的及时总结和反馈，对于提升活动质量、增强家长满意度以及促进幼儿园与家长的沟通至关重要。

活动结束后，幼儿园应该立即着手整理活动成果，包括活动中的照片、视频以及孩子的作品等。这些珍贵的资料，不仅是活动成功的见证，也是孩子成长的印记。幼儿园可以通过幼儿园官方网站、公众号或家长群等渠道，将这些成果展示给家长。让他们能够直观地看到孩子在活动中的表现和收获，从而更加深入地了解幼儿园的教育理念和孩子的成长轨迹。

同时，幼儿园还应该邀请家长分享他们的感受和心得。家长的反馈是幼儿园改进和优化未来亲子活动的宝贵依据。幼儿园可以设立专门的反馈渠道，如在线问卷、电话访谈或面对面交流等，鼓励家长积极提出意见和建议。这些反馈不仅能帮助幼儿园发现问题、改进不足，还能激发幼儿园创新活动形式和内容，更好地满足家长和孩子的需求。

幼儿园通过及时总结和反馈，能够让家长感受到他们的参与是有价值的，他们的意见和建议是受到重视的。这种互动和沟通，不仅能够增进家园之间的信任和合作，还能为孩子创造一个和谐、愉快的成长环境。

第三节　家园共育的理念与实践

一、家园共育的意义与价值

（一）促进幼儿全面发展

家园共育对促进幼儿全面发展具有重要意义。家庭和幼儿园是幼儿成长的两大主要环境，双方紧密合作、共同育人，能够为幼儿提供更加全面、丰富的教育资源和学习机会。家园共育可以更好地满足幼儿在不同领域的发展需求，促进其身心健康、认知能力、情感态度、社会技能等方面的发展。

（二）增强家长教育意识与能力

家园共育不仅对幼儿有益，还能帮助家长增强教育意识和能力。通过与幼儿园的沟通和合作，家长可以更加深入地了解幼儿教育的理念和方法，学会如何更好地陪伴和支持孩子的成长。同时，家长在参与家园共育活动的过程中，也能不断提升自身的教育素养，为孩子的未来发展奠定坚实基础。

（三）构建和谐的家园关系

家园共育有助于构建和谐的家园关系。双方共同参与幼儿的教育过程，可增进彼此之间的了解和信任，减少误解和冲突。这种和谐的关系不仅能够为幼儿营造一个更加温馨、稳定的成长环境，还能促进家长与教师之间良好的沟通和合作，共同为幼儿的成长贡献力量。

（四）推动幼儿园教育质量的提升

家园共育对幼儿园教育质量的提升具有积极的推动作用。通过与家长的紧密合作，幼儿园可以更加准确地把握幼儿的发展需求和兴趣特点，从而有针对性地优化教育内容和教学方法。同时，家长的参与和监督也能促使幼儿园不断完善自身的管理和服务水平，提高教育质量和办学效益。

二、建立家园共育的机制与平台

（一）建立定期的家园沟通机制

要实现家园共育，首先需要建立定期的家园沟通机制。幼儿园可以通过定期的家长会、家访、家长信箱等方式，与家长保持密切的联系和沟通。这些渠道可及时向家长反馈幼儿在园的表现和进步，同时了解幼儿在家庭中的生活和学习情况，为双方共同制订教育计划提供依据。

（二）利用网络平台提高沟通效率

随着科技的发展，网络平台成为家园沟通的重要工具。幼儿园可以利用官方网站、微信公众号等渠道，及时向家长发布幼儿园的新闻动态、教育理念、教育计划等信息，让家长更加了解幼儿园的教育教学情况。同时，通过网络平台，家长也能更加便捷地与幼儿园进行沟通和交流，共同关注孩子的成长。

（三）成立家长委员会，发挥家长力量

成立家长委员会是建立家园共育的机制的重要举措。家长委员会可以作为幼儿园与家长之间的桥梁和纽带，协助幼儿园组织各种活动，增进家园之间的联系和合作。同时，家长委员会还能发挥家长的集体智慧，为幼儿园的教育教学提出宝贵的意见和建议，推动幼儿园的不断改进和发展。

（四）开展亲子活动，增进亲子关系

亲子活动是家园共育的重要形式之一。开展各种形式的亲子活动（如运动会、手工制作、表演等）可以增进家长与幼儿之间的互动和沟通，加强亲子关系。同时，这些活动也能让家长更加了解孩子在幼儿园的生活和学习情况，为双方共同育儿提供更加具体的指寻。

三、成功案例分享与经验交流

（一）家园共育促进幼儿社会性发展案例

家园共育，即家庭和幼儿园共同参与孩子的教育，是当今幼儿教育中的重要理念。家园共育可以更好地促进幼儿的社会性发展，帮助孩子建立健全的人格，培养其与人交往、合作和分享的能力。下面本书以一个具体的案例来阐述家园共育如何有效地促进幼儿的社会性发展。

某幼儿园深知家园共育的重要性，因此积极开展了一系列的活动来加强家园之间的合作与交流。其中，"家长进课堂"活动是一项颇具创新性的举措。该活动邀请从事不同职业的家长来园助教，让幼儿能够接触更加多元化的知识和经验。

在"家长进课堂"活动中，幼儿园迎来了各行各业的家长。有的家长是医生，他们带来了医疗器械，为孩子讲解了人体的奥秘和保健知识；有的家长是警察，他们模拟警情，让孩子了解了如何保护自己和他人的安全；还有的家长是厨师，他们现场制作美食，让孩子感受烹饪的魅力。

通过这些活动，幼儿不仅了解了不同职业的特点和工作内容，还学会了与人交往、合作和分享等社会性技能。他们学会了倾听他人的意见，尊重他人的职业

和选择，同时更加珍惜和感激身边人的付出。这些经验对于孩子的成长和发展具有重要的意义。

此外，"家长进课堂"活动还增强了家长与幼儿园之间的联系和沟通。家长通过参与活动，更加了解幼儿园的教育理念和教育方式，也更加信任和支持幼儿园的工作。这种信任和支持为幼儿园的教育教学提供了有力的保障。

这一案例表明，家园共育能够有效地促进幼儿的社会性发展。邀请家长进课堂可让幼儿接触多元化的知识和经验，培养他们的交往、合作和分享能力。同时，也加强了家长与幼儿园之间的联系和沟通，为幼儿园的教育教学提供了有力的支持。

（二）利用网络平台提高家园沟通效率案例

在当今信息化的时代，网络平台已经成为人们获取信息、交流沟通的重要途径。对于幼儿园来说，利用网络平台提高家园沟通效率，不仅可以及时传递信息，还能加强家长与幼儿园之间的互动与合作。下面本书以一个具体的案例来阐述如何利用网络平台提高家园沟通效率。

某幼儿园为了更好地与家长进行沟通和交流，决定建立微信公众号，并通过这一平台及时向家长发布幼儿园的教育计划、活动安排等信息。同时，该幼儿园还在微信公众号上开设了在线咨询和留言功能，方便家长随时与幼儿园进行沟通和交流。

这样，幼儿园能够迅速地将最新的教育计划、活动安排等信息传递给家长，让家长能够及时了解孩子在园的情况。同时，家长也可以通过在线咨询和留言功能与幼儿园进行实时的沟通和交流，及时解决自己的疑问。

这种利用网络平台进行沟通的方式大大提高了家园间沟通效率。家长纷纷表示，通过微信公众号，他们能够更加方便地了解孩子在幼儿园的情况，也能更加积极地参与讨论和提供建议。同时，幼儿园也能够更加及时地了解家长的反馈和需求，进一步优化教育教学工作。

该案例展示了网络平台在提高家园沟通效率方面的积极作用。通过利用微信公众号等网络平台，幼儿园能够迅速、准确地传递信息，加强与家长之间的互动与合作。这种新型的沟通方式不仅提高了沟通效率，还促进了家园之间的紧密合作与共同发展。

（三）家长参与环境创设提升幼儿学习体验案例

环境创设是幼儿园教育中的重要环节，它对于提升幼儿的学习体验具有重要的作用。而家长的参与不仅能够丰富幼儿园的教育资源，还能够让孩子获得更加直观和有趣的学习体验。下面本书以一个具体的案例来阐述家长参与环境创设在提升幼儿学习体验方面的重要性。

在某幼儿园的环境创设活动中，教师积极鼓励家长利用废旧物品自制教玩具和图书等教学材料，共同为孩子打造一个丰富多彩的学习环境。这一举措得到了家长的积极响应和支持。

家长纷纷利用废旧物品制作了各种有趣的教学玩具和图书，如用废旧纸箱制作的房子、用废旧布料制作的小动物等。这些自制的教学玩具和图书不仅环保、经济，还能够让孩子在亲手制作和操作中感受学习的乐趣。

在环境创设活动中，孩子与这些自制的教学玩具和图书亲密接触，通过观察和操作，他们更加深入地了解了各种物品的形状、颜色、质地等特性。同时，在家长的陪伴和指导下，孩子还能够学会如何"变废为宝"，培养他们的环保意识和创新能力。

这一案例显示了家长参与环境创设在提升幼儿学习体验方面的重要性。通过家长的参与，幼儿园的教育资源得到了丰富，孩子也在亲手制作和操作中获得了更加直观和有趣的学习体验。这种家园共育的方式不仅能够促进孩子的全面发展，还能够加强家长与幼儿园之间的合作与交流，为孩子的成长提供更加有力的支持。

第八章 幼儿园的财务管理

第一节 预算管理与成本控制

幼儿园作为教育机构，其财务管理同样重要。合理的预算管理和成本控制，不仅关系幼儿园的稳健运营，还直接影响教育质量和孩子的成长环境。

一、预算编制的原则和方法

（一）预算编制的原则

预算编制是幼儿园财务管理的重要环节，它必须遵循一定的原则，以确保预算的合理性和有效性。首先，预算编制应遵循科学性原则，即根据幼儿园的实际需要和财务状况来科学合理地分配资金。其次，预算编制应遵循全面性原则，要考虑到幼儿园运营过程中的所有收支项目，确保预算的全面覆盖。最后，预算编制还应遵循灵活性原则，以应对可能出现的突发情况和变化。

（二）预算编制的方法

预算编制的方法主要有两种：增量预算法和零基预算法。增量预算法是在上一期预算执行结果的基础上，根据本期预算的实际需要和财务状况，对各项收支进行调整，从而得出本期的预算。这种方法简单易行，但可能忽视一些不必要的支出。而零基预算法则是从零开始，根据本期的实际需要和财务状况，逐项审议各项收支的必要性，从而得出本期的预算。这种方法更为科学、合理，但操作起来相对复杂。

在预算编制过程中，还需要注意以下几点：首先，要充分了解幼儿园的实际运营情况，包括学生人数、教师人数、设施状况等，以确保预算的准确性和可行性；其次，要与各部门进行充分沟通，了解各部门的实际需求和预算计划，避免预算的盲目性和浪费；最后，要对预算进行严格的审核和把关，确保预算的合理性和有效性。

二、预算执行与成本监控

（一）预算执行的监控

预算执行的监控是幼儿园财务管理中至关重要的环节，它确保了预算计划得以有效实施，避免了资源的浪费和不合理分配。为了建立一个高效的预算执行监控系统，幼儿园需要采取一系列措施。

首先，幼儿园应设立专门的财务团队或指派专人负责预算执行监控。这个团队或人员需要定期对预算执行情况进行检查和分析，包括对各项收支的实时监控。实时监控可以及时发现预算执行情况与计划之间的差异，以便采取相应的调整措施。

其次，预算执行监控系统应建立与预算计划的对比机制。定期将实际执行情况与预算计划进行对比可以发现偏差，并及时进行调整。这种对比机制有助于确保预算计划的有效执行，同时避免资源的浪费。

此外，建立预算执行报告制度也是必不可少的。定期向管理层报告预算执行情况可以让管理层及时了解预算执行的进度和存在的问题。这有助于管理层做出及时的决策和调整，以确保预算计划得以顺利实施。

在预算执行监控过程中，还需要注意一些关键问题。例如，要确保监控数据的准确性和完整性，避免出现数据失真或遗漏的情况。同时，还要关注预算执行过程中的风险因素，及时发现并应对可能出现的风险和问题。

（二）成本监控的重要性

成本监控在幼儿园财务管理中具有举足轻重的地位。通过对成本的实时监控和分析，幼儿园可以及时发现成本异常，为管理层提供准确的决策依据。同时，成本监控还有助于幼儿园优化资源配置，提高资源利用效率，从而降低运营成本，提升整体运营效益。

具体而言，成本监控的重要性体现在以下几个方面：首先，通过实时监控成本,幼儿园可以及时发现并纠正不合理的支出,避免资源的浪费。其次,成本监控有助于幼儿园了解各项成本的结构和变化趋势,为预算编制和调整提供有力支持。最后,通过成本监控,幼儿园可以评估自身运营的经济性、效率性和效果性,从而为改进运营策略和提升竞争力提供依据。

为了实现成本监控的目标,幼儿园需要建立完善的成本监控体系。这包括明确成本监控的对象和内容、设定合理的成本指标、建立数据采集和分析系统以及制定相应的成本控制措施等。通过这些措施,幼儿园可以全面掌握自身的成本状况,为管理层提供准确、及时的信息支持。

(三)成本监控的方法和手段

要实现有效的成本监控,幼儿园可以采用多种方法和手段。首先,建立成本核算体系是基础。对幼儿园各项成本进行准确核算和记录,可以清晰地了解各项费用的构成和变化情况。这有助于发现成本控制的关键环节和潜在的风险点。

其次,利用现代信息技术手段进行实时监控是一个有效的途径。例如,幼儿园可以使用财务管理软件对成本进行实时监控和分析。这类软件通常具有强大的数据处理和分析功能,能够帮助幼儿园及时准确地掌握成本动态。

再次,定期对成本进行分析和评估也是必不可少的环节。对一段时间内的成本数据进行分析,可以找出成本控制的关键环节和潜在风险点。例如,幼儿园可以发现某些费用项目是否存在异常增长或超出预算的情况,从而采取相应的控制措施。

最后,幼儿园还可以根据实际情况采取其他措施。例如,幼儿园可以设立专门的成本控制小组,负责监控和分析成本数据;还可以制定成本控制标准和考核制度,对成本控制成果进行定期评估。

(四)应对预算超支的措施

在预算执行过程中,可能会出现预算超支的情况。为了应对这种情况,幼儿园需要采取相应的措施。

首先,要深入分析预算超支的原因。这可能是由于预算编制不准确、市场环境变化、内部成本控制失效等因素导致的。通过深入分析原因,幼儿园可以找出问题的根源,并采取相应的措施加以解决。

其次，根据实际情况调整预算计划是一个有效的应对方法。如果预算超支是由于市场环境变化等不可控因素导致的，幼儿园可以考虑调整预算计划，以适应新的市场环境。同时，也可以优化资源配置，降低不必要的支出，以控制成本。

再次，加强预算执行监控和成本监控也是必不可少的措施。通过加强监控，幼儿园可以及时发现预算执行过程中的问题，并采取相应的措施进行调整。同时，还可以对成本控制的关键环节进行重点监控，以确保成本控制目标的实现。

最后，幼儿园还可以考虑建立风险预警机制。设定风险预警指标和阈值，当预算执行情况接近或超过预警线时，系统自动发出预警提示，以便幼儿园及时采取措施应对预算超支风险。

三、成本效益分析与优化

（一）成本效益分析的意义

成本效益分析在幼儿园财务管理中扮演着至关重要的角色。通过对成本效益的综合深入分析，幼儿园可以全面评估自身运营的经济性、效率性和效果性。这种分析不仅有助于幼儿园管理层做出更加明智和科学的决策，更能推动幼儿园优化资源配置，持续提高教育质量和运营效益。

具体而言，成本效益分析的意义主要体现在以下几个方面：首先，它可以帮助幼儿园清晰地了解自身的成本结构和效益状况，从而找出成本控制的关键环节和提升效益的潜力。其次，通过分析，幼儿园可以对比不同运营策略或项目的成本与效益，为管理层的决策提供有力支持。最后，成本效益分析还可以促进幼儿园内部的资源优化配置，提高整体运营效率和服务质量。

（二）成本效益分析的方法

在进行成本效益分析时，幼儿园可以采用多种方法。比较分析法是一种常用的手段，它通过将本期成本与上期成本、预算成本等进行详细对比，深入剖析成本变化的具体原因和未来可能的趋势。这种方法能够帮助幼儿园发现成本控制中的问题和挑战，为改进运营策略提供有力依据。

另一种重要的方法是趋势分析法。它对连续多期的成本数据进行深入研究和分析，揭示成本变化的内在规律和未来发展趋势。这种方法使得幼儿园能够预测未来的成本走向，从而制定更为合理和有效的成本控制策略。

这些方法在实际应用中可以相互补充，为幼儿园提供全面、深入的成本效益分析。通过这些分析，幼儿园不仅可以全面了解自身的成本状况，更能为未来的发展制订科学、合理的战略规划。

（三）成本优化的策略与建议

根据成本效益分析的结果，幼儿园可以有针对性地采取成本优化策略。首先，优化资源配置是提高成本效益的关键。幼儿园应合理安排教师和学生的比例，确保教育资源的充分利用，同时避免浪费。例如，幼儿园可以根据学生人数和课程需求来合理配置教师资源，提高教师的教学效率。

其次，加强预算管理是降低成本的另一种重要手段。幼儿园应确保预算的合理性和有效性，严格按照预算执行各项支出。精细化管理可控制不必要的开支，提高资金的使用效率。

在成本控制方面，幼儿园可以通过采购优质的教育设备和教材来降低教学成本。同时，提高教职工的工作效率也是降低人力成本的有效途径。例如，幼儿园可以提供必要的培训和支持，帮助教职工提高工作效率和质量。

最后，幼儿园还可以通过开展多元化的教育服务来增加收入来源。例如，幼儿园可以开设特色课程、举办教育活动等，吸引更多的学生和家长参与，从而提高运营效益。

综上所述，幼儿园在进行成本优化时，应综合考虑资源配置、预算管理、成本控制和多元化收入等方面。通过实施这些策略与建议，幼儿园可以有效降低成本，提高运营效益，为孩子提供更优质的教育服务。

第二节　经费来源与使用

一、经费来源渠道及筹措方式

（一）政府拨款与教育经费补贴

幼儿园作为教育体系的一部分，通常会从各级政府获得一定的经费拨款。这些拨款主要用于支持幼儿园的日常运营、师资培训、设施更新等。此外，政府还会根据幼儿园的实际情况，提供一定的教育经费补贴，以减轻幼儿园的财务压力。这些补贴通常与幼儿园的办学质量、学生人数等因素有关。

为了争取更多的政府支持，幼儿园需要加强与政府部门的沟通，及时汇报办学情况，展示教育成果。同时，也要积极参与政府组织的各类教育项目，争取更多的资源和支持。

（二）学费收入与家长赞助

学费是幼儿园最主要的经费来源之一。幼儿园需要根据自身的办学成本和市场需求，制定合理的学费标准。在收取学费时，要确保公开、透明，避免出现乱收费现象。

除了学费收入，家长赞助也是幼儿园经费的重要补充。一些家长为了支持幼儿园的发展，会自愿提供资金或物资赞助。幼儿园应该珍惜这份支持，同时确保赞助资金的使用符合赞助者的意愿和幼儿园的实际需求。

（三）社会捐赠与公益基金

社会捐赠是幼儿园获取额外经费的重要途径。一些社会团体、企业或个人出于对教育事业的关注和支持，会向幼儿园提供捐赠。这些捐赠可以用于改善教学设施、提升教育质量等方面。

此外，幼儿园可以尝试设立公益基金，吸引更多社会资金投入幼儿教育。公益基金的管理和使用需要严格遵守相关法律法规，确保资金的有效利用和公开透明。

（四）自筹资金与经营收入

除了以上几种方式，幼儿园还可以通过自筹资金和经营收入来补充经费。自筹资金主要包括幼儿园通过举办各种活动、销售教育产品等方式筹集的资金。经营收入则主要来源于幼儿园内部的经营项目，如食堂、小卖部等。

在自筹资金和经营收入方面，幼儿园需要注重合法性和合规性，确保所有活动都符合相关法律法规和政策要求。同时，也要注重资金使用的效益性，确保每一分钱都"用在刀刃上"。

二、经费的分配与合理使用

（一）教学设备与教材采购

幼儿园作为孩子成长的摇篮，其教学设备与教材的选择直接关系孩子的学习效果和教育质量。因此，定期采购先进且适合幼儿的教学设备和教材显得尤为重要。在采购过程中，幼儿园必须以实用性和科学性为出发点，确保所采购的物品能够真正满足教学需求，为孩子提供一个丰富多彩、寓教于乐的学习环境。

首先，关于教学设备的采购，幼儿园要根据教学计划和课程设置，有针对性地选择能够辅助教师进行教学、激发幼儿学习兴趣的设备。例如，对于音乐课，幼儿园可以采购一些高质量的音响设备和乐器，让孩子在音乐中感受节奏和旋律的美妙；对于美术课，幼儿园可以选购各种绘画工具和材料，让孩子在创作中体验色彩的魅力。同时，幼儿园还要关注设备的耐用性和安全性，确保孩子在使用过程中不会受到伤害。

在选择教材时，幼儿园要注重其科学性、系统性和趣味性。教材的内容应该符合幼儿的认知发展规律，由浅入深、循序渐进地引导幼儿探索世界。此外，教材还应该包含丰富的图画和生动的文字，激发孩子的阅读兴趣。为了确保教材的质量，幼儿园可以与专业的教育类出版社合作，选购那些经过严格审查、适合幼儿年龄特点的教材。

在采购过程中，幼儿园还要始终关注成本控制问题。虽然优质的教学设备和教材对于提高教学质量至关重要，但幼儿园也要根据财务状况进行合理预算，避免盲目投入而造成资源浪费。幼儿园可以通过市场调研和比较不同供应商的价格和质量来选择性价比高的产品。同时，幼儿园还可以与供应商建立良好的合作关系，争取在价格上获得更多优惠。

（二）师资培训与福利待遇

教师是幼儿园最宝贵的资源，他们的专业素养和教学能力直接影响孩子的成长和发展。因此，投入一定的经费用于师资培训和福利待遇是非常必要的。这不仅可以提升教师的教学水平，还能激励他们更加投入地工作，为孩子提供更高质量的教育服务。

在师资培训方面，幼儿园应该制订全面的培训计划，涵盖教育理念、教学方法、课堂管理等方面。定期邀请教育专家来园指导、组织教师参加专业研讨会等方式，可帮助教师不断更新教育观念，提高教学能力。同时，幼儿园还可以鼓励教师自主学习和进修，为他们提供必要的学习资源和时间支持。

除了专业培训，福利待遇也是激励教师工作积极性的重要手段。幼儿园应该根据教师的工作表现和实际需求，制定合理的薪酬福利政策。例如，幼儿园可以设立绩效奖金制度，对那些在教学、管理等方面表现突出的教师进行表彰和奖励；同时，幼儿园还可以为教师提供完善的社保和医疗保障，解决他们的后顾之忧。

此外，为了营造良好的工作氛围、提高团队凝聚力，幼儿园还可以定期组织教师参加团建活动或文化交流活动。这些活动不仅可以增进教师之间的友谊和合作意愿，还能帮助他们释放工作压力、提升工作满意度。

（三）日常运营与维护费用

幼儿园的日常运营和维护是确保幼儿园正常运转的基础保障。这包括水电费、物业管理费、保洁费等基础费用的支出，以及设施设备的维修和更新费用。在确保正常运转的同时，幼儿园也要注重节能减排和环保理念的贯彻，为孩子营造一个绿色、健康的学习环境。

首先，水电费是幼儿园日常运营中的一项重要支出。为了确保幼儿园的用电安全和节约用水，幼儿园应该加强能源管理，合理使用电力和水资源。例如，幼儿园可以安装节能灯具、使用节水器具等，降低能源消耗。同时，教育可引导孩子养成节约用电和用水的良好习惯。

其次，物业管理费和保洁费是确保幼儿园环境卫生和安全的重要费用。幼园应该与专业的物业管理和保洁公司合作，制定严格的卫生和安全管理制度。定期清扫、消毒等措施，可确保幼儿园的卫生环境达到标准；同时，加强安全检查和隐患排查工作，为孩子提供一个安全、舒适的学习环境。

此外，设施设备的维修和更新也是日常运营中不可忽视的一环。幼儿园应该建立完善的设施设备管理制度和维修保养计划。定期检查、维修和更新设施设备，可确保其正常运转和安全使用；同时，根据幼儿园的发展需求和孩子的实际需要，及时将设施设备更新换代，提升教育教学的质量和效果。

在贯彻节能减排和环保理念方面，幼儿园可以通过多种措施来实现。例如，利用太阳能等可再生能源进行供暖和供电；推广使用环保材料和教具；开展垃圾分类和回收工作等。这些措施不仅有助于降低运营成本，还能培养孩子的环保意识和社会责任感。

（四）特色课程与活动开发

为了提升幼儿园的办学特色和吸引力，投入一定的经费用于特色课程和活动的开发是非常必要的。这些特色课程和活动不仅可以丰富幼儿的学习体验，提升他们的综合素质，还能通过独特的办学理念和教育方式吸引更多的家长和学生选择该幼儿园。

在特色课程方面，幼儿园可以结合本园的教育理念和孩子的兴趣爱好，设计一些具有创新性和趣味性的课程。例如，幼儿园可以开设科学实验课程，让孩子在动手操作中学习科学知识；或者开设艺术创作课程，培养孩子的审美能力和创造力。这些特色课程不仅能够激发孩子的学习兴趣，还能让他们快乐地学习、成长。

在活动开发方面，幼儿园可以根据节日、季节等主题设计各种有趣的活动。例如，在春天可以组织孩子进行户外踏青活动，感受大自然的美丽与神奇；在秋天可以举办丰收庆祝活动，让孩子体验劳动的喜悦和成果。此外，幼儿园还可以邀请家长参与活动，增强家校之间的互动与合作。

为了确保特色课程和活动的质量与效果，幼儿园需要投入一定的经费进行前期的筹备和策划工作。这包括购买必要的教具和材料、邀请专业的指导老师等。同时，幼儿园也要重视活动的宣传和推广工作，让更多的家长和学生了解并参与幼儿园的特色课程和活动。

三、经费使用的审批与监管

（一）预算制定与审批流程

幼儿园作为教育机构，其经费使用的合理性和有效性至关重要。为了确保这一点，建立完善的预算制定与审批流程是必不可少的环节。预算制定是一个全面而细致的过程，需要幼儿园管理层、财务人员以及教育实践者共同参与，充分考虑幼儿园的实际需求和财务状况。

在制定预算时，应详细列出各项预计支出，包括但不限于教职工工资、教学材料采购、设施维护与更新、日常运营成本等。每一项支出都应经过深思熟虑，确保其符合幼儿园的教育目标和实际运营需求。同时，预算还要考虑可能的突发事件和未来一段时间内物价变动等因素，以确保预算的弹性和前瞻性。

审批流程则是预算执行的关键环节。一个规范、透明的审批流程能够避免"权力寻租"现象的发生，确保每一笔经费的使用都经过严格的审核和批准。审批流程应包括初步审核、详细审查和最终批准等环节，每一环节都应有明确的标准和责任人。此外，审批过程应记录在案，以便日后审计和核查。

通过这样一套完善的预算制定和审批流程，幼儿园能够确保经费使用的合理性和有效性，为教育质量提供坚实的物质基础。

（二）内部审计与财务公开

为了确保经费使用的合规性和效益性，幼儿园应该定期进行内部审计。内部审计不仅是对财务报表的核对，更是对幼儿园整体运营效率和效果的一次全面评估。内部审计可以及时发现并解决财务管理中存在的问题，如预算超支、资金使用不当等。

同时，实行财务公开制度也是提升幼儿园公信力和社会认可度的重要举措。财务公开意味着幼儿园需要定期向家长和社会各界公布财务状况和经费使用情况。这不仅可以增强家长对幼儿园的信任感，还能促使幼儿园自身加强财务管理，提高资金使用效率。

财务公开的内容应包括财务报表、收支明细、预算执行情况等关键信息。公开方式可以通过幼儿园官方网站、公告栏或定期召开的家长会等途径进行。在公开财务信息的同时，幼儿园还应积极回应家长和社会的质疑和意见，展现开放和透明的态度。

（三）外部监管与问责机制

除了内部审计和财务公开，外部监管也是确保幼儿园财务管理规范性的重要手段。外部监管机构如教育部门、审计机构等可以对幼儿园的财务管理进行专业指导和监督，确保其符合相关法律法规和政策要求。这些机构通过定期的检查和评估，能够及时发现并纠正幼儿园在财务管理方面存在的问题。

同时，建立问责机制也是必不可少的。对于违规使用经费的行为，幼儿园应采取严肃处理措施，如警告、罚款甚至解除相关责任人的职务等。问责机制的建立可以有效地震慑和预防违规行为的发生，保障经费的合理使用和幼儿园的稳健运营。

四、财务风险管理与防范

（一）风险识别与评估

在幼儿园的财务管理中，风险识别与评估是至关重要的环节。为了及时发现和解决潜在的财务风险，幼儿园需要建立完善的风险识别与评估机制。这一机制应包括对幼儿园财务状况的定期检查和评估，以便及时发现异常情况并采取相应的应对措施。

同时，幼儿园还应密切关注外部经济环境的变化，如市场利率的波动、通货膨胀的趋势等，这些变化都可能对幼儿园的财务状况产生影响。通过与家长、供应商等利益相关方的沟通与交流，幼儿园可以更好地了解市场需求和变化，从而调整自身的财务策略，以降低风险。

风险识别与评估不仅是对已知风险的应对，更是对未知风险的预防。通过这一机制，幼儿园可以在财务风险发生之前及时采取措施进行防范和控制。

（二）风险应对措施与预案

在识别财务风险后，幼儿园需要制定相应的应对措施和预案，以应对可能的风险事件。这些措施和预案应具有针对性和可操作性，能够在关键时刻发挥有效的作用。

例如，幼儿园可以建立风险准备金制度，以应对突发事件的影响。提前预留一定的资金用于应对可能的风险事件（如自然灾害、疫情等不可抗力因素导致的损失），可以确保幼儿园在面临困境时能够迅速恢复运营。

此外，与供应商协商建立稳定的合作关系也是降低财务风险的有效手段。通过与供应商签订长期合作协议并明确双方的权利和义务，幼儿园可以确保教学材料和日常用品的稳定供应并降低采购成本风险。

这些风险应对措施和预案的制定需要幼儿园管理层、财务人员以及教育实践者共同参与并不断完善，以确保其有效性和实用性。

（三）持续改进与优化财务管理流程

为了防范财务风险并提升财务管理效率，幼儿园需要持续改进和优化财务管理流程。这包括对现有流程的梳理和优化，以提高工作效率；引入先进的财务管理工具和方法，以提升数据处理和分析能力；加强财务团队的建设和培训，以提高团队整体素质等方面。

对财务管理流程的持续改进和优化，幼儿园可以不断提升自身的财务管理水平并降低财务风险的发生概率。同时，这也能够促使幼儿园更好地适应外部经济环境的变化和市场需求的变化从而实现稳健运营和可持续发展。

第三节　财务管理的公开与透明

在幼儿园的运营管理中，财务管理的公开与透明是维护幼儿园声誉、增强家长和社会信任的重要手段。通过实施定期财务报告制度、财务信息的公示与查询以及接受社会监督与审计等措施，可以确保幼儿园的财务管理规范、公正、透明。

一、实施定期财务报告制度

（一）月度财务报告

幼儿园应每月编制财务报告，详细记录当月的收入、支出、资产和负债情况。月度财务报告不仅反映了幼儿园当月的经济活动，还是分析幼儿园财务状况和经营成果的重要依据。通过月度财务报告，管理层可以及时发现财务问题，调整经营策略，确保幼儿园的稳健运营。

（二）季度财务分析与总结

除了月度报告，幼儿园还应进行季度性的财务分析与总结。这包括对季度内幼儿园的收支情况、预算执行、成本控制等方面的深入分析。季度财务分析与总结有助于幼儿园更好地了解自身的财务状况，并为下一季度的财务规划提供数据支持。

（三）年度财务审计报告

为确保幼儿园财务管理的规范性和透明度，年度财务审计报告是不可或缺的。幼儿园应聘请专业的审计机构对全年的财务状况进行审计，确保财务报表的真实性和准确性。年度财务审计报告不仅是幼儿园内部管理的需要，也是对外界展示幼儿园财务管理水平的重要途径。

二、财务信息的公示与查询

（一）公示财务信息的重要性

公示财务信息在幼儿园运营中占据着举足轻重的地位，这不仅是幼儿园履行社会责任的体现，更是其增强透明度和公信力的重要举措。在现代社会，随着家长教育意识的提高和社会监督的加强，幼儿园的财务状况逐渐成为公众关注的焦点。因此，通过公示财务信息，幼儿园能够向家长和社会各界展示其经济运营的真实情况，从而赢得更多的信任和支持。

具体而言，公示财务信息的重要性体现在以下几个方面：首先，它有助于家长了解幼儿园的财务状况，包括收入来源、支出明细以及资金使用情况等，让家长更加放心地将孩子送到幼儿园。其次，公示财务信息能够增强幼儿园的透明度，减少不必要的猜疑和误解，为幼儿园树立良好的社会形象。最后，通过公示财务信息，幼儿园可以加强自身的财务管理，提高资金使用效率，确保每一分钱都"用在刀刃上"，为孩子提供更优质的教育服务。

（二）财务信息公示的方式和内容

为了确保财务信息的公开、透明和及时，幼儿园应采取多种方式公示财务信息。首先，幼儿园可以通过官方网站或移动应用等线上渠道，定期发布财务报表、收支明细等关键财务数据，让家长和社会各界能够随时随地了解幼儿园的财务状况。同时，为了照顾不同家长的需求，幼儿园还应在园内显眼的公告栏或宣传栏上张贴纸质版财务信息，方便家长在接送孩子时随时查看。

在公示内容方面，幼儿园应确保财务信息的全面性和详细性。除了基本的财务报表，还应包括幼儿园的收费标准、退费政策等与家长利益密切相关的信息。此外，幼儿园还可以适当公开其预算执行情况，展示其良好的财务管理能力和资金使用效率。通过这些信息的公示，幼儿园能够与家长建立更加紧密的信任关系，共同促进幼儿园的健康发展。

（三）财务信息查询的便利性

为了进一步提高财务信息公示的效果，幼儿园还应提供便捷的查询渠道，方便家长和社会各界随时随地获取所需信息。例如，在幼儿园官方网站上设置专门的财务信息查询专栏，家长只需输入孩子姓名或学号等关键信息，即可快速查询与自己的孩子相关的所有财务信息。同时，幼儿园还可以设立专门的财务咨询窗口或在线客服系统，解答家长在查询过程中遇到的疑问。

此外，为了照顾部分不熟悉网络操作的家长，幼儿园还可以在园内设立自助查询机或提供纸质版财务信息查询服务。通过这些便捷的查询方式，幼儿园能够确保每一位家长都能及时、准确地获取所需的财务信息，从而增强其对幼儿园的信任感和满意度。

（四）保障信息安全与隐私

在公示和提供财务信息查询服务的过程中，幼儿园必须高度重视信息安全和隐私保护工作。首先，幼儿园应建立完善的信息安全管理制度和技术防范措施，确保公示的财务信息不被非法获取、篡改或泄露。同时，对于涉及个人隐私的敏感数据（如家长身份信息、孩子学籍信息等），幼儿园应进行"脱敏处理"或加密存储，防止因信息泄露而给家长和孩子带来麻烦和损失。

除了技术层面的保障措施，幼儿园还应加强对教职员工的信息安全意识教育。定期培训和演练等方式，可提高教职员工对信息安全风险的认识和应对能力。同时，幼儿园应明确规定教职员工在处理财务信息时的权限和职责范围，防止因人为失误或恶意行为导致的信息泄露事件发生。

三、接受社会监督与审计

（一）接受家长和社会的监督

幼儿园作为一个教育机构，不仅承载着教育孩子的重任，同时需要接受家长和社会的监督。这种监督对于提升幼儿园的教育质量、确保财务透明和合规性具有重要意义。

幼儿园应积极回应家长和社会的质疑和意见。当家长或社会对幼儿园的财务管理、教育质量等方面提出疑问或建议时，幼儿园应及时、耐心地进行解答和回应，以消除误解和疑虑。这不仅能够增强家长和社会对幼儿园的信任感，还能帮助幼儿园不断完善自身运营。

为了进一步加强与家长和社会的沟通与互动，幼儿园可以定期邀请家长代表参与财务管理相关活动。例如，组织家长代表参观幼儿园设施、了解财务状况等，让家长更加直观地感受幼儿园的运营情况。同时，幼儿园也可以邀请社会各界人士参与幼儿园的公开活动或座谈会，听取他们的意见和建议，以便更好地改进和提升自身。

（二）配合政府部门的审计和检查

作为教育机构，幼儿园有义务配合政府教育、财政、税务等相关部门的审计和检查工作。这不仅是法律法规的要求，更是幼儿园履行社会责任、确保合规运营的重要体现。

在配合政府部门审计和检查的过程中，幼儿园应按照规定提供真实的财务资料和相关证明文件。这些资料包括但不限于财务报表、收支明细、预算执行情况等。同时，幼儿园还应积极配合政府部门进行现场勘查、询问等工作，确保审计和检查工作的顺利进行。

通过配合政府部门的审计和检查，幼儿园可以及时发现并纠正自身在财务管理、税务申报等方面存在的问题和不足。这不仅有助于幼儿园规避法律风险、确保合规运营，还能提升幼儿园的公信力。

（三）建立反馈机制并持续改进

为了不断完善幼儿园的运营和管理，建立有效的反馈机制至关重要。通过收集和分析家长、社会以及政府部门对财务管理的意见和建议，幼儿园可以及时发现并改进存在的问题和不足。

首先，幼儿园应设立专门的反馈渠道，如家长信箱、社会监督电话等，方便家长和社会各界随时提出意见和建议。同时，也可以利用网络平台（官方网站或社交媒体）收集公众的反馈和评价。

针对收集的反馈意见，幼儿园应积极采取改进措施。例如，对于家长反映的收费不透明问题，幼儿园可以优化收费流程、公开收费标准并提供详细的收费明细；对于社会关注的资金使用效率问题，幼儿园可以加强预算管理、优化支出结构并提高资金使用效益。

此外，幼儿园还可以定期组织财务管理培训活动，增强教职员工的财务管理意识和能力。通过培训，教职员工可以更加深入地了解财务管理的法律法规和操作流程，从而在日常工作中更好地履行财务管理职责、确保幼儿园的合规运营。

通过以上措施的实施，幼儿园的财务管理将更加公开、透明和规范。这不仅有助于提升幼儿园的声誉，还能为幼儿园的长期发展奠定坚实的基础。

第九章　幼儿园的文化建设

第一节　幼儿园文化的内涵与特点

幼儿园文化，作为幼儿园在长期教育实践过程中所形成的独特精神财富和物质形态，不仅体现了幼儿园的教育理念、教育方式和教育成果，更彰显了幼儿园的独特魅力和精神风貌。以下将深入探讨幼儿园文化的核心理念、独特性及其价值。

一、幼儿园文化的核心理念

（一）以儿童为中心

幼儿园文化的核心理念首先体现在以儿童为中心。这意味着幼儿园的一切活动都应以儿童的成长和发展为出发点和落脚点。在教育实践中，幼儿园应充分尊重儿童的主体地位，关注他们的兴趣、需求和特点，为他们提供个性化的教育服务。同时，幼儿园还应积极营造温馨、和谐、充满爱的教育环境，让儿童在这里感受到家的温暖，从而健康快乐地成长。

（二）寓教于乐

寓教于乐是幼儿园文化的又一核心理念。幼儿园教育应摒弃传统灌输式的教学方式，注重在游戏、活动中渗透教育内容，让儿童在轻松愉快的氛围中学习知识、获取技能。通过这种方式，幼儿园不仅能够激发儿童的学习兴趣，还能培养他们的自主学习能力、团队合作精神和创新思维能力。

（三）全面发展

全面发展是幼儿园文化的第三个核心理念。幼儿园应注重培养儿童的德、智、体、美等素质，让他们在快乐的童年时光中茁壮成长。为了实现这一目标，幼儿园应提供丰富多彩的教育活动和课程（如音乐、美术、体育等），以满足儿童全面发展的需求。同时，幼儿园还应关注儿童的心理健康，帮助他们建立良好的心理素质和健全的人格。

（四）家园共育

家园共育是幼儿园文化的重要组成部分。幼儿园应与家长保持密切沟通和合作，共同关注儿童的成长和发展。定期举办家长会、亲子活动等方式，可增进家长与幼儿园之间的了解和信任，为儿童创造一个良好的家庭教育环境。同时，幼儿园还应积极向家长宣传科学育儿知识和方法，帮助他们提高育儿水平，促进家园共育的良性发展。

二、幼儿园文化的独特性及其价值

（一）独特的教育理念

每个幼儿园都有其独特的教育理念，这是幼儿园文化的灵魂所在。独特的教育理念不仅引领着幼儿园的发展方向，还塑造着幼儿园的精神风貌。例如，有的幼儿园注重培养孩子的自主性，倡导"让孩子成为学习的主人"；有的幼儿园则强调创新教育，鼓励孩子勇于尝试、敢于创新。这些独特的教育理念为幼儿园注入了鲜明的个性色彩，也成了吸引家长和孩子的亮点。

（二）丰富的教育活动

幼儿园文化的独特性还体现在丰富的教育活动上。这些活动不仅符合儿童身心发展的特点，还能让他们在快乐中学习、成长。例如，通过组织各类主题活动、节日庆祝活动、户外探险等，幼儿园能够为孩子提供多元化的学习体验，拓宽他们的视野和知识面。同时，这些活动还能培养孩子的团队协作能力、创新思维能力和社交技能等，为他们的未来发展奠定坚实基础。

（三）温馨的教育环境

幼儿园文化的独特性还表现在其温馨的教育环境上。幼儿园应为孩子营造一个安全、舒适、充满爱的学习环境，让他们在这里感受到家的温暖。通过精心布置的教室及亲切的教师关怀，幼儿园能够让孩子在这里找到归属感，从而更加快乐地学习和成长。这种独特的教育环境不仅有助于孩子的心理健康发展，还能激发他们的学习兴趣和积极性。

总的来说，幼儿园文化的核心理念和独特性共同构成了幼儿园的独特魅力。这些理念和特点不仅彰显了幼儿园的教育品质和精神风貌，还为孩子的全面发展提供了有力支持。在未来的发展中，幼儿园应继续秉承这些核心理念，不断丰富教育活动、优化教育环境，为孩子的成长创造更多可能性。

第二节　幼儿园文化的构建与传播

一、明确文化建设的目标与方向

（一）树立正确的教育理念

幼儿园文化建设的首要任务是明确并坚持正确的教育理念。这包括以儿童为中心，关注儿童的全面发展，强调个性化和创造性的培养，同时注重培养儿童的自主性、合作精神和责任感。这些教育理念应贯穿于幼儿园的日常教学活动中，成为教师的行为准则。

（二）营造积极健康的园所氛围

积极健康的园所氛围对于孩子的成长至关重要。幼儿园应努力营造充满关爱、尊重、理解和包容的环境，让孩子在这里感受到家的温暖。同时，丰富多彩的活动可增进孩子之间的友谊，培养他们的团队协作精神和集体荣誉感。

（三）传承与弘扬中华优秀传统文化

在幼儿园文化建设中，应注重传承与弘扬中华优秀传统文化。通过讲述传统节日、历史故事、民间艺术等形式，孩子了解并热爱自己的文化根源。这不仅有助于培养孩子的民族自豪感和文化自信心，还能为他们的未来发展奠定坚实的基础。

（四）打造独具特色的园所文化

每所幼儿园都有其独特的历史背景、地理环境和教育资源。因此，在幼儿园文化建设过程中，应充分挖掘和利用这些资源，打造独具特色的园所文化。这不仅可以提升幼儿园的品牌形象，还能激发孩子对幼儿园的归属感和认同感。

二、通过多种活动培育和传播幼儿园文化

（一）举办各类主题活动

幼儿园作为孩子成长的摇篮，不仅要为孩子提供良好的教育环境，还要通过丰富多彩的活动来提高他们的综合素质。举办各类主题活动就是一个很好的途径。这些活动不仅能够让孩子在参与的过程中体验快乐，还能让他们深入了解并感受幼儿园的文化氛围。

比如，在传统节日（如春节、中秋节等），幼儿园可以组织相应的庆祝活动。在春节，可以安排孩子一起包饺子、贴窗花，让他们亲身体验传统文化的魅力；在中秋节，则可以组织孩子制作月饼，并给他们讲述嫦娥奔月的故事，让他们在动手操作的过程中了解中秋节的寓意和传统文化。

此外，环保活动也是一个很好的主题。组织孩子参与垃圾分类、植树等活动，可以培养他们的环保意识，让他们从小就知道保护环境的重要性。同时，这些活动还能让孩子养成爱护环境的好习惯，为未来的可持续发展贡献力量。

科普知识讲座则是开拓孩子视野的好方法。幼儿园可以邀请专业人士来给孩子讲解天文、地理、生物等方面的知识，让他们在轻松愉快的氛围中增长见识。这种活动不仅能够激发孩子对科学的兴趣，还能培养他们的思维能力和探索精神。

通过这些主题活动的举办，孩子不仅能在幼儿园里度过愉快的时光，还能在潜移默化中受到文化的熏陶。这对于他们的全面发展具有重要意义。

（二）开展家长参与的文化活动

家长在孩子的成长过程中扮演着举足轻重的角色。为了让家长更加了解幼儿园的教育理念和文化氛围，并增进他们与幼儿园之间的沟通与了解，开展家长参与的文化活动显得尤为重要。

亲子阅读是一个很好的切入点。幼儿园可以定期举办亲子阅读活动，邀请家长和孩子一起阅读经典绘本、分享阅读心得。这不仅能增进家长与孩子之间的情感交流，还能培养孩子的阅读习惯和兴趣。同时，这也是一个让家长了解幼儿园

教育方式的好机会，从而更好地支持和配合幼儿园的工作。

除了亲子阅读，家园共育讲座也是一个非常有益的活动。幼儿园可以邀请教育专家或资深教师来给家长分享育儿经验和教育理念，帮助他们更好地承担教育孩子的责任。通过这些讲座，家长可以更加明确自己在孩子成长过程中的角色和任务，与幼儿园形成教育合力，共同促进孩子的全面发展。

这些家长参与的文化活动不仅能够增强家园之间的联系和互动，还能让家长更加深入地了解幼儿园的文化氛围和教育理念。这对于提升幼儿园的整体教育质量和促进孩子的全面发展具有重要意义。

（三）利用现代传媒手段传播幼儿园文化

在当今信息化时代，充分利用现代传媒手段来传播幼儿园的文化显得尤为重要。这不仅能让更多的人了解幼儿园的教育理念和文化特色，还能为家长提供更加便捷的信息服务，促进家园之间的良性互动。

首先，幼儿园可以建立官方网站或微信公众号等平台来发布新闻动态、教育理念和文化活动等信息。通过这些平台，幼儿园可以及时向外界展示自己的最新动态和成果，让更多的人了解幼儿园的发展情况。同时，这也是一个与家长进行沟通交流的重要渠道，可以及时回应家长的关切和需求。

其次，利用网络平台如幼儿园官方网站或微信公众号，定期发布教育理念、课程特色、教师风采等内容，可以让家长更加深入地了解幼儿园的教育教学情况，从而增强对幼儿园的信任感和归属感。此外，通过这些平台的互动交流功能，家长还可以分享自己的育儿经验和心得，营造积极向上的家园共育氛围。

最后，利用现代传媒手段（如网络视频技术等）进行远程家长会也是一个创新且实用的方法。这样不仅能减轻家长的负担，还能提高家园沟通的效率和质量。通过远程家长会，教师可以实时展示幼儿在园的学习和生活情况，让家长更加直观地了解孩子的成长进步和存在的问题，从而更好地配合幼儿园的教育工作。

（四）与其他园所进行文化交流与合作

为了拓宽孩子的视野并接触更多元化的文化元素，同时促进各园所之间的相互学习与进步，幼儿园应积极与其他园所进行文化交流与合作。这种交流与合作不仅可以为孩子提供更广阔的发展平台，还有助于提升幼儿教育的整体水平。

首先，幼儿园可以与其他地区的园所建立友好关系，开展定期的交流活动。通过这些活动，各园所可以分享自己的教育理念、教学方法和文化特色，从而相互借鉴、取长补短。这种跨地域的交流有助于拓宽教育者的视野，让他们了解不同的教育方式和文化观念，为孩子提供更加多元化的教育环境。

其次，幼儿园可以联合其他园所共同举办文化活动或研讨会。这些活动可以为孩子提供展示自己才华的舞台，让他们在表演、绘画、手工制作等方面得到锻炼和提升。同时，这也是一个促进各园所之间相互了解与合作的好机会，有助于营造资源共享、优势互补的良好氛围。

此外，幼儿园还可以通过合作项目或课题研究的方式与其他园所进行深度合作。通过共同研发课程、探索新的教学方法或解决教育中存在的共性问题等，各园所可以携手共进，推动幼儿教育的创新与发展。

三、教师与幼儿在文化构建中的角色

（一）教师是幼儿园文化建设的引领者

教师是幼儿园文化建设的引领者，这不仅是因为他们是知识的传授者，更是因为他们是孩子道德成长和行为习惯养成的引导者。在幼儿园这个特殊的教育环境中，教师的角色远超过教授知识本身，他们需要通过自身的言行来诠释和践行幼儿园的教育理念和文化价值观。

首先，教师必须深入理解幼儿园的教育理念，这是引领文化建设的基础。教育理念是幼儿园文化的核心，它指导着幼儿园的一切教育活动。教师需要准确把握教育理念的内涵，将其融入日常的教学和管理，让孩子在潜移默化中感受到这种理念的熏陶。

其次，教师需要通过自身的言行来影响和带动孩子。在幼儿园中，孩子正处于行为习惯和道德品质养成的关键时期，他们善于模仿，教师的每一句话、每一个动作都可能成为他们学习的榜样。因此，教师需要时刻注意自己的言行举止，做到言传身教，为孩子树立一个良好的榜样。

此外，教师还应积极参与文化活动的策划与组织。文化活动是幼儿园文化建设的重要载体。丰富多彩的活动可以让孩子更好地感受到幼儿园的文化氛围。教师需要结合孩子的兴趣和爱好，设计出有趣味性、有教育意义的文化活动，让孩子在参与中体验文化的魅力，提升文化素养。

同时，教师作为引领者，还需要具备创新意识和开放心态。随着社会的不断发展，幼儿园文化建设也需要与时俱进。教师需要关注教育领域的最新动态，及时引入新的教育理念和教学方法，不断丰富幼儿园的文化内涵。同时，教师还需要保持开放的心态，尊重孩子的个性和差异，鼓励他们积极参与文化建设，共同营造一个多元、包容的文化环境。

（二）幼儿在文化构建中的参与和体验

幼儿是幼儿园文化建设的核心参与者和直接体验者。他们通过亲身参与各种文化活动，深入感受幼儿园的文化氛围，并在这一过程中逐渐形成自己的价值观和人生观。因此，在幼儿园文化建设中，应充分尊重幼儿的主体地位，鼓励他们积极参与文化活动。

首先，要让幼儿成为文化活动的参与者。幼儿园可以组织各种形式的文化活动，如节日庆祝、手工制作、故事讲述等，让幼儿有机会亲身参与其中。在这些活动中，幼儿可以发挥自己的想象力和创造力，与同伴合作完成任务，体验成功的喜悦。同时，他们也能通过这些活动感受到传统文化的魅力和价值，从而增强对文化的认同感和归属感。

其次，要让幼儿在参与中体验文化的内涵。在文化活动中，教师应注重引导幼儿深入体验文化的精髓。例如，在讲述传统节日的故事时，可以让幼儿扮演角色、模拟场景，让他们更加深入地了解节日的习俗和意义。在手工制作活动中，可以让幼儿了解传统的手工艺制作过程和技巧，感受传统文化的独特魅力。通过这些体验式的文化活动，幼儿可以更加深入地了解文化的内涵和价值。

此外，要尊重幼儿的个性差异和主体地位。每个幼儿都是独一无二的个体，他们有着不同的兴趣、爱好和天赋。在文化建设过程中，教师应关注每个幼儿的发展需求，提供个性化的教育支持。同时，要鼓励幼儿发表自己的意见和想法，让他们在文化建设中发挥积极的作用。这样不仅可以增强幼儿的自信心和归属感，还能促进他们全面发展。

（三）师幼共同营造积极向上的文化氛围

在幼儿园文化建设中，师幼共同营造积极向上的文化氛围是至关重要的。这种氛围不仅能够促进幼儿的全面发展，还能够提升教师的专业素养和幼儿园的整体教育质量。

首先，教师可以通过正面的激励和引导来帮助孩子树立正确的价值观和人生观。在日常教学中，教师应关注每个孩子的进步和闪光点，及时给予肯定和鼓励。同时，教师还可以利用故事、游戏等形式向孩子传递积极向上的信息，引导他们形成乐观、自信、勇敢的品质。

其次，教师可以通过与孩子的互动交流来了解他们的需求和想法。在幼儿园中，孩子的需求和想法是多种多样的，教师需要耐心倾听他们的声音，了解他们的内心世界。通过与孩子的互动交流，教师可以更好地调整教学策略和方法，满足孩子的学习需求，促进他们的个性发展。

同时，孩子也可以通过积极参与文化活动来展示自己的才华和创意。在文化建设过程中，幼儿园应为孩子提供多样化的展示平台，如文艺汇演、手工制作展览等，让孩子有机会展示自己的才华和创意。这不仅可以增强孩子的自信心和表现力，还能为幼儿园的文化建设增添更多的活力和色彩。

最后，师幼共同营造积极向上的文化氛围需要双方的共同努力和配合。教师需要关注孩子的成长需求，提供个性化的教育支持；孩子也需要积极参与文化活动，展示自己的才华和创意。只有双方共同努力，才能营造一种积极向上、和谐共融的文化氛围，促进孩子的全面发展。

第三节　幼儿园文化对管理的影响

　　幼儿园文化是幼儿园在长期教育实践中逐步形成的具有独特价值观、信念、传统、风俗及行为方式的综合体现。它不仅反映了幼儿园的历史和传统，还体现了全体成员的共同愿景和行为准则。幼儿园文化对管理有着深远的影响，主要体现在以下几个方面。

一、文化对管理理念的引导作用

（一）塑造管理理念的核心价值

　　幼儿园文化首先为管理理念提供了核心价值。这种核心价值是幼儿园在长期发展过程中逐步形成的，它反映了幼儿园的教育理念、教育目标和教育方法。管理理念作为幼儿园文化的重要组成部分，必然受到这种核心价值的引导和影响。若幼儿园的文化强调尊重与包容，那么其管理理念也会倾向于倡导开放、平等和协作。

（二）明确管理方向和管理策略

　　幼儿园文化还能为管理层明确管理方向和管理策略提供指导。幼儿园文化的核心价值观不仅影响着教职工的思维方式和行为模式，也决定了幼儿园的发展方向和教育目标。因此，在制定管理策略时，必须充分考虑幼儿园文化的特点，确保管理方向与幼儿园文化的核心价值观相一致。

（三）促进管理理念的创新与发展

　　随着时代的进步和教育理念的更新，幼儿园文化也在不断发展和演变。这种文化的动态性促使管理理念必须不断创新和发展，以适应新的教育环境和幼儿发展需求。因此，幼儿园文化对管理理念的引导作用还体现在推动其不断创新和发展上。

（四）提升管理理念的认同感和执行力

　　幼儿园文化能够激发教职工对管理理念的认同感和归属感。当教职工深刻理解并认同幼儿园的文化和管理理念时，他们会更加积极地投入工作，从而提高管理理念的执行力。这种认同感和执行力的提升，有助于幼儿园形成统一的思想和行动，推动幼儿园的可持续发展。

二、文化在团队凝聚力提升中的作用

（一）构建共同愿景和目标

幼儿园作为一个教育机构，其核心使命是为孩子提供一个健康、快乐、有益的成长环境。为了实现这一使命，构建一个共同的愿景和目标至关重要。幼儿园文化在这里扮演着举足轻重的角色，它不仅是一种氛围或口号，更是一种能够将所有教职工、家长和孩子紧密联系在一起的精神纽带。

通过塑造共同的教育理念和目标，幼儿园文化帮助团队成员形成了统一的价值观和追求。这种共同愿景和目标，就像是一座灯塔，指引着幼儿园前进的方向，也照亮了团队成员前行的道路。它让每个人都能够清晰地认识到，自己的努力和付出是为了一个更高远、更有意义的目标，那就是为孩子创造一个更加美好的成长环境。

这种共同愿景和目标的存在，极大地激发了团队成员的凝聚力和向心力。因为当大家都有了一个共同的目标，就会自然而然地形成一个合力，每个人都会更加积极地为实现这个目标而努力。这种努力不仅体现在日常的教学和管理工作中，更体现在团队成员之间的相互支持和鼓励上。当看到团队中的其他人都在为了同一个目标而奋斗时，每个人都会感到自己不是孤军奋战，而是有一个强大的后盾在支持着自己。

因此，构建共同愿景和目标是提升幼儿园团队凝聚力的重要一环。它不仅为团队成员提供了一个明确的方向和目标，更激发了大家的积极性和创造力，使整个团队更加团结一致，共同为实现幼儿园的发展目标而努力。

（二）营造和谐的工作氛围

在幼儿园的日常运营中，工作氛围的和谐与否直接影响教职工的工作效率和团队的凝聚力。一个充满尊重、理解和包容的工作氛围，能够让团队成员感到舒适和自在，从而更加专注于自己的工作，也更愿意与团队成员进行深入的交流和合作。

幼儿园文化强调团队之间的协作与互助，这正是营造和谐工作氛围的关键。当团队成员之间能够相互尊重，理解彼此的工作难度和挑战，包容不同的观点和做法时，整个团队就会营造一种积极向上的氛围。这种氛围不仅能够减少团队内部的矛盾和冲突，还能够增强团队成员之间的信任和合作意愿。

在这种和谐的工作氛围下，团队成员会更加愿意分享自己的经验和知识，也更加愿意倾听他人的建议和意见。这种开放和包容的态度，有助于团队成员之间形成更加紧密的联系和合作，从而进一步提升团队的凝聚力。同时，和谐的工作氛围还能够激发团队成员的创造力和创新精神，使他们更加勇于尝试新的教学方法和管理模式，为幼儿园的发展注入新的活力。

因此，营造和谐的工作氛围是提升幼儿园团队凝聚力的重要途径之一。通过倡导尊重、理解和包容的文化氛围，幼儿园可以打造一个积极向上、团结协作的团队，为幼儿园的长远发展奠定坚实的基础。

（三）促进团队成员的成长与发展

在幼儿园中，教职工的个人成长和发展是团队凝聚力提升的关键因素之一。一个优秀的团队不仅需要成员之间的紧密合作，更需要每个成员都能够不断地学习和进步，为团队贡献更多的智慧和力量。

幼儿园文化应该关注教职工的个人成长和发展，为他们提供学习和进步的机会。这包括定期的培训、研讨会，以及鼓励教职工参与各种教育研究和实践活动。当团队成员感受到自己在幼儿园文化中得到了重视和支持时，他们会更加珍惜团队合作的机会，也会更加努力地提升自己的专业素养和教育能力。

这种个人成长与团队发展的良性循环对于提升团队凝聚力具有显著的影响。当每个团队成员都在不断地学习和进步时，整个团队的水平和能力也会随之提高。这不仅有助于提升教学质量，还能够增强团队应对各种挑战和问题的能力。同时，个人成长带来的满足感和成就感也会让团队成员更加热爱自己的工作，更加愿意为团队的成功贡献自己的力量。

因此，促进团队成员的成长与发展是提升幼儿园团队凝聚力的重要策略之一。通过为教职工提供学习和进步的机会，幼儿园可以打造一个不断学习、不断进步的团队，为幼儿园的发展注入源源不断的动力。

（四）增强团队的责任感和荣誉感

责任感和荣誉感是驱动团队成员积极工作的重要因素。在幼儿园文化中，增强团队的责任感和荣誉感可以激发团队成员的积极性和创造力，使他们更加努力地工作，为团队的成功贡献自己的力量。

责任感是每个团队成员对自己所承担工作的认真负责的态度。当团队成员意识到自己的工作对于整个团队和幼儿园的重要性时，他们会更加用心地去完成每一项任务，确保工作的质量和效果。这种责任感不仅体现在日常的教学和管理工作中，更体现在团队成员对幼儿园整体发展的关注和投入上。

荣誉感则是团队成员对于团队和幼儿园取得的成就的自豪和骄傲。当团队成员看到自己的努力和付出为团队带来了荣誉和认可时，他们会感到无比的满足和自豪。这种荣誉感不仅能够激励团队成员更加努力地工作，还能够增强他们对团队的归属感和忠诚度。

因此，增强团队的责任感和荣誉感是提升幼儿园团队凝聚力的重要方法。通过强调责任感和荣誉感，幼儿园可以激发团队成员的积极性和创造力，使他们更加团结一致地为实现幼儿园的发展目标而努力。同时，这种责任感和荣誉感也会成为团队成员之间紧密联系的纽带，进一步增强团队的凝聚力和向心力。

三、幼儿园文化对教职工行为的影响

幼儿园文化，作为幼儿园内部的核心价值观和行为准则的体现，对教职工的行为有着深远的影响。这种影响不仅塑造着教职工的职业态度，还引领着他们的教育行为和专业发展。

（一）规范教职工行为准则

幼儿园文化为全体教职工绘制了一幅清晰的行为蓝图。在这份蓝图中，教育教学、师德师风以及人际交往等方面的准则和规范被明确标注。这些行为准则并不是简单的条条框框，而是幼儿园在长期教育实践过程中积累形成的，它们融入了幼儿园的教育理念和教育目标，体现了对教职工行为的期望和要求。

在幼儿园文化的浸润下，教职工会将这些准则和规范内化于心，外化于行。

他们会在日常的教学和管理工作中自觉遵守这些准则，以高标准严格要求自己，形成良好的职业操守。例如，在教育教学方面，教职工会遵循教育规律，关注幼儿的个体差异，提供有针对性的指导；在师德师风方面，他们会注重自身的道德修养，以身作则，为幼儿树立良好的榜样；在人际交往方面，教职工会积极与同事、家长和幼儿建立良好的关系，营造和谐的教育环境。

（二）激发教职工的工作热情和创新精神

一个积极向上的幼儿园文化，就像一股涌动的清泉，不断激发教职工内心的工作热情和创新精神。当教职工深刻理解和认同幼儿园的文化理念时，他们会更加珍视自己的职业，将教育工作视为一项崇高而神圣的使命。这种使命感会驱使他们以更加饱满的热情投入工作中，不断追求卓越的教育成果。

同时，幼儿园文化也鼓励教职工敢于突破传统，勇于探索新的教育方法。在这种氛围下，教职工会积极尝试新的教学理念、教学手段，以更好地满足幼儿的发展需求。他们的创新精神不仅为幼儿园注入了新的活力，也为幼儿的全面发展提供了更多可能。

（三）培养教职工的团队协作精神

团队协作是幼儿园文化中不可或缺的一部分。一个强调团队协作的幼儿园文化，能够促使教职工之间形成紧密的合作关系，共同为幼儿的成长贡献力量。在这种文化氛围下，教职工会更加注重与同事之间的沟通与协作，他们愿意分享自己的经验和知识，共同解决问题和应对挑战。

团队协作精神的培养不仅提高了工作效率和质量，还增强了教职工之间的信任。当教职工在团队中感受到归属感和认同感时，他们会更加积极地为团队的目标而努力，从而推动幼儿园的整体发展。

（四）塑造教职工的专业形象和职业素养

幼儿园文化是塑造教职工专业形象和职业素养的熔炉。在幼儿园文化的熏陶下，教职工会更加注重自己的职业形象，从仪表到言行举止都会展现良好的专业素养。他们会时刻保持教师的庄重与优雅，以亲和、专业的态度面对每一位幼儿和家长。

同时，教职工也会在幼儿园文化的引导下不断提升自己的专业技能和知识水平。他们会积极参加各类培训和学习活动，努力更新教育观念和教育方法，以适应幼儿教育的快速发展。这种专业素养的提升不仅为教职工个人的职业发展奠定了基础，也为幼儿提供了更优质的教育服务。

四、文化建设在提升幼儿园品牌形象中的作用

在当今社会，品牌形象对于一个幼儿园的发展至关重要。而文化建设正是塑造和提升幼儿园品牌形象的关键。

（一）塑造独特的品牌形象

幼儿园文化作为幼儿园的独特灵魂和精神内核，对于塑造幼儿园的品牌形象起着举足轻重的作用。每所幼儿园都有其独特的教育理念、办学特色和校园文化氛围，这些因素共同构成了幼儿园的品牌形象。通过文化建设，幼儿园可以进一步明确和强化自己的教育理念，形成独具特色的办学风格，从而在社会上塑造独特的品牌形象。

这种独特的品牌形象不仅能够让家长和社会各界对幼儿园产生深刻的印象，还能够提高幼儿园的知名度和影响力。当人们提及这所幼儿园时，他们会立刻联想到其独特的教育理念和校园文化，从而形成对幼儿园的积极评价和认同。

（二）提升品牌认知度和美誉度

优秀的幼儿园文化能够吸引家长和社会的广泛关注与认可。当家长和社会各界对幼儿园的文化和价值观产生认同时，他们会更加信任和支持幼儿园的工作。这种信任和支持不仅体现在家长对幼儿园的满意度上，还体现在社会对幼儿园的认可度和美誉度上。

随着品牌认知度和美誉度的提升，幼儿园在招生、师资引进、合作交流等方面都会获得更多的优势和资源。这些优势和资源将进一步推动幼儿园的发展壮大，形成良性循环。

（三）增强品牌竞争力和影响力

在激烈的市场竞争中，具有鲜明文化特色的幼儿园更容易脱颖而出。这种文化特色不仅体现在幼儿园的教育理念、课程设置上，还体现在幼儿园的校园文化、师生关系等方面。这些特色使得幼儿园在市场上具有独特的竞争优势，能够吸引

更多的优质生源和师资资源。

　　同时，强大的品牌影响力也能为幼儿园带来更多的合作机会和发展空间。当幼儿园在社会上建立良好的品牌形象时，它会吸引更多的合作伙伴和资源，从而推动幼儿园的可持续发展。这种品牌影响力不仅为幼儿园带来了更多的经济收益，还为幼儿园的长远发展奠定了坚实的基础。

第十章　幼儿园的品牌建设与市场推广

第一节　品牌建设的意义与策略

一、品牌建设的核心价值和意义

（一）提升幼儿园知名度与影响力

在当今社会，品牌已成为机构或个人在社会中地位和影响力的重要标志。对于幼儿园而言，一个强有力的品牌能够显著提升其知名度，使其在激烈的幼教市场竞争中脱颖而出。通过品牌建设，幼儿园能够向社会展示其独特的教育理念、优质的教学质量和贴心的服务，进而吸引更多家长的关注和选择。

（二）增强家长信任与忠诚度

品牌不仅是幼儿园形象的代表，更是家长对幼儿园信任度的体现。一个具有良好口碑和品牌形象的幼儿园，往往能够赢得家长的信赖和忠诚。这种信任不仅来源于幼儿园的外在形象，更在于其内在的教育质量和服务水平。因此，通过品牌建设来不断提升家长对幼儿园的信任度和忠诚度，是幼儿园可持续发展的重要保障。

（三）促进幼儿园可持续发展

品牌建设的最终目的是实现幼儿园的可持续发展。一个强大的品牌能够为幼儿园带来稳定的生源和收入，从而为其长期发展提供坚实的经济基础。同时，品牌建设还能激发教职员工的工作热情和归属感，提高团队的凝聚力和向心力，为幼儿园的可持续发展注入源源不断的动力。

二、品牌定位与形象塑造

（一）明确品牌定位

品牌定位是品牌建设的基础，它决定了幼儿园在市场中的位置和特色。幼儿园应根据自身的教育理念、教学资源和市场需求等因素，明确自己的品牌定位，以满足不同家长和孩子的需求。

（二）塑造独特的品牌形象

在明确了品牌定位后，幼儿园需要通过各种方式和渠道来塑造自己独特的品牌形象。这包括设计独特的园标、园服和宣传资料等视觉识别系统，以及通过媒体宣传、社会活动等方式来展示幼儿园的教育理念和教学成果。通过这些努力，幼儿园可以在家长和孩子心中留下深刻的印象，进而形成独特的品牌形象。

（三）构建和谐的校园文化

校园文化是品牌形象的重要组成部分，它体现了幼儿园的精神风貌和教育理念。幼儿园应注重校园文化的建设，通过举办各种文化活动和庆典仪式等方式来营造积极向上、和谐温馨的校园氛围。这种氛围不仅能够提升孩子的学习兴趣和积极性，还能增强家长对幼儿园的认同感和归属感。

（四）加强与外界的沟通与互动

品牌形象的塑造不仅需要在幼儿园内部进行努力，还需要加强与外界的沟通与互动。幼儿园应积极参与社会公益活动、加强与社区的合作与交流等方式来提升自己的社会影响力和公信力。同时，幼儿园还可以通过建立家长委员会、开展家长学校等方式来加强与家长的沟通与互动，及时了解家长的需求和意见，不断完善自己的服务和教学质量。

三、品牌管理与维护策略

（一）建立完善的品牌管理制度

为了有效地管理和维护品牌形象，幼儿园需要建立完善的品牌管理制度。品牌不仅是一个标志或名称，它更是幼儿园教育理念、教学质量和服务态度的综合体现。因此，建立完善的品牌管理制度至关重要。

首先，制订明确的品牌战略规划是品牌管理制度的核心。幼儿园需要明确自己的品牌定位、品牌目标和品牌价值，以及如何通过教学和服务来体现这些价值。这需要幼儿园领导层进行深入的市场调研和内部讨论，以确保品牌战略与幼儿园的长远发展规划相一致。

在明确了品牌战略之后，幼儿园需要设立专门的品牌管理部门或人员来负责品牌的日常管理和维护工作。这个部门或人员需要具备市场营销、公关、传媒等方面的知识和技能，以便有效地推广幼儿园的品牌形象。他们将与幼儿园的其他部门密切合作，确保品牌信息的一致性和准确性。

此外，制订详细的品牌推广计划也是品牌管理制度的重要组成部分。幼儿园需要根据自身的特点和市场需求，选择合适的推广渠道和方式（如社交媒体、广告宣传、公关活动等）来提高品牌的知名度和影响力。同时，品牌推广计划还需要考虑预算和时间安排等因素，以确保推广活动的顺利进行。

通过建立完善的品牌管理制度，幼儿园可以确保品牌形象的统一性和稳定性，避免出现品牌形象受损的情况。这不仅有利于提升幼儿园的社会声誉和影响力，还能够吸引更多的家长和孩子选择这所幼儿园。

（二）加强危机公关能力

在品牌建设过程中，幼儿园可能会遇到各种突发事件和危机情况。这些情况可能会对幼儿园的品牌形象造成严重的损害，因此加强危机公关能力至关重要。

为了应对这些挑战，幼儿园需要建立完善的危机应对机制。首先，幼儿园需要建立一个快速响应的团队，负责在危机发生时迅速采取行动。这个团队需要具备丰富的公关经验和危机处理能力，以便在第一时间对危机进行评估和应对。

其次，幼儿园需要及时回应媒体和公众的质疑和批评。在危机发生时，媒体和公众往往会对幼儿园的行为和态度产生极大的关注。因此，幼儿园需要积极回应各方的质疑和批评，表明自己的立场和态度，以维护品牌形象。

同时，幼儿园还需要积极采取措施解决问题并防止事态扩大。这包括与相关部门进行沟通协商、采取补救措施等。通过这些努力，幼儿园可以最大限度地减少危机对品牌形象的影响。

除了建立完善的危机应对机制，幼儿园还需要在日常运营中加强风险管理，预防潜在危机的发生。这包括对幼儿园设施、教学质量、服务态度等方面进行全面的检查和评估，确保各方面都符合相关标准和要求。

加强危机公关能力是幼儿园品牌建设中的重要环节。只有建立完善的危机应对机制，才能在危机发生时迅速应对，最大程度地减少危机对品牌形象的影响。

（三）持续创新与发展

品牌建设是一个长期而持续的过程，需要幼儿园不断地进行创新和发展。为了实现这一目标，幼儿园需要关注市场动态和行业需求的变化，及时调整自己的品牌战略和定位。

首先，幼儿园需要密切关注市场动态和行业趋势，了解家长和孩子的需求和期望。随着社会的不断发展，家长对于幼儿园的要求也在不断变化。因此，幼儿园需要通过市场调研和数据分析等方式，及时了解市场需求的变化，并根据这些变化来调整自己的品牌战略和定位。

其次，幼儿园需要加强教学研发和课程创新等方面的工作。教学质量是幼儿园品牌形象的核心，只有提供高质量的教学服务，才能赢得家长的信任。因此，幼儿园需要投入更多的资源和精力来进行教学研发和课程创新，以满足不断变化的市场需求并提升自身的核心竞争力。

除了教学和课程方面的创新，幼儿园还需要在管理模式、服务理念等方面进行持续的改进和创新。这需要幼儿园领导层具备前瞻性的眼光和创新精神，带领全体员工不断探索和尝试新的方法和模式，以提高幼儿园的整体运营水平和服务质量。

通过这些努力，幼儿园可以确保自己的品牌始终保持在行业的前沿地位并实现可持续发展。同时，持续的创新和发展也能够为幼儿园带来更多的机遇和挑战，激励全体员工不断追求卓越和进步。

第二节　市场推广的途径与方法

一、传统广告与宣传手段

（一）平面广告宣传

平面广告是幼儿园市场推广中最直观、最常用的手段之一。通过在社区公告栏、超市、公园等公共场所张贴海报或宣传单，向潜在客户直接传递幼儿园的品牌形象、教育理念、课程特色等信息。这种方式的优点是覆盖面广、成本低，能够快速吸引家长的注意。同时，精美的海报设计和吸引人的广告语也能提升幼儿园的品牌形象，提高家长的信任度。

在实施平面广告宣传时，需要注意广告的设计和内容要简洁明了、突出重点，让家长在短时间内就能了解幼儿园的核心优势。此外，要选择合适的张贴地点，确保广告能够触达目标客户群体。

（二）户外广告牌与横幅

户外广告牌和横幅是另一种有效的宣传手段。在幼儿园周边或繁华路段设置醒目的广告牌和横幅，能够持续地向过往人群展示幼儿园的品牌和信息。这种方式的优点是持续性强，能够长期吸引潜在客户的注意。

在设置户外广告牌和横幅时，需要考虑视觉效果和安全性。广告牌和横幅的设计要简洁大方、色彩鲜明、文字清晰，以便在远距离就能吸引人们的目光。同时，要确保广告牌和横幅的安装位置合理，不会对交通和行人造成安全隐患。

（三）传统媒体广告

传统媒体广告包括电视、广播、报纸、杂志等媒体上的广告投放。这些媒体具有广泛的覆盖面和较高的权威性，能够增强幼儿园的知名度和品牌影响力。尤其对于新开办的幼儿园来说，传统媒体进行宣传推广可以迅速在家长心中树立品牌形象。

在选择传统媒体进行广告投放时，需要根据幼儿园的实际情况和目标客户群体来选择合适的媒体类型和投放时段。同时，要注意广告内容的策划和设计，确保能够准确传达幼儿园的教育理念、课程特色和优势等信息。

二、数字营销与社交媒体推广

（一）幼儿园官方网站与博客

随着互联网技术的普及和发展，越来越多的家长通过网络来了解幼儿园的信息。因此，建立幼儿园官方网站和博客是非常必要的。官方网站和博客可以展示幼儿园的教育理念、师资力量、教学设施、课程特色等信息，让家长更加全面地了解幼儿园的情况。同时，通过定期发布幼儿园的新闻动态、活动信息等，可以保持与家长的互动和沟通，增强幼儿园的知名度和影响力。

在建设官方网站和博客时，需要注意网站的设计和用户体验。要确保网站内容清晰明了、易于导航，同时要注重信息的时效性和准确性。此外，还可以通过搜索引擎优化（SEO）等技术手段来提高网站的搜索排名，吸引更多的潜在客户。

（二）社交媒体平台推广

社交媒体平台（如微信、微博等）已经成为现代人们获取信息的重要渠道。在社交媒体平台上发布幼儿园的相关信息可以快速找到大量潜在客户。例如，可以定期发布幼儿园的新闻、活动、教学计划等信息，与家长进行互动和交流。同时，还可以利用社交媒体平台的广告投放功能，精准地找到目标客户群体。

在使用社交媒体平台进行推广时，需要注意内容的质量和发布频率。要确保发布的内容有趣味性、有教育意义，能够吸引家长的关注和转发。同时，要避免过度营销和骚扰用户的行为，保持与用户的良好互动和沟通。

（三）电子邮件营销

电子邮件营销是一种低成本、高效率的推广方式。收集潜在客户的电子邮件地址可以定期向他们发送幼儿园的推广信息和活动邀请，可以保持与客户的持续沟通和联系。这种方式不仅可以提高客户的忠诚度和参与度，还可以促进幼儿园的品牌传播和口碑建设。

在实施电子邮件营销时，需要注意邮件的内容和设计要简洁明了、有针对性。要确保邮件的标题和正文能够吸引用户的注意力并激发他们的兴趣。同时，要遵守相关的法律法规和行业规范，避免垃圾邮件和违法行为的发生。

（四）在线教育平台合作

随着在线教育的兴起和发展，越来越多的家长开始关注在线教育资源。与在线教育平台进行合作可以为幼儿园带来更多的曝光机会和潜在客户。例如，可以与知名的在线教育平台进行合作，共同推出线上课程或活动，扩大幼儿园的影响力和知名度。这种合作方式不仅可以增加幼儿园的曝光度，还可以为幼儿园带来更多的生源和收益。

三、口碑营销与家长推荐

（一）家长满意度调查与反馈机制

家长的满意度是幼儿园口碑和可持续发展的关键指标。为了确保家长对幼儿园的满意度，幼儿园可以实施一项定期的家长满意度调查，并建立一套有效的反馈机制。

首先，幼儿园将设计一份详细的家长满意度调查问卷。这份问卷将涵盖教学质量、师资力量、环境卫生、安全保障、家园沟通等方面，以全面了解家长对幼儿园的评价和期望。幼儿园将通过线上和线下的方式，定期向家长发放问卷，并鼓励他们积极参与调查，为幼儿园的改进提供宝贵的意见。

同时，幼儿园也将建立一套有效的反馈机制。家长的意见和建议是幼儿园改进工作的重要依据。因此，幼儿园将设立专门的反馈渠道，如电话热线、电子邮箱和线上平台等，方便家长随时向幼儿园提出意见和建议。这些反馈将直接传达给幼儿园的管理团队，由专人进行汇总、分析和处理。

在接收家长的反馈后，幼儿园将尽快给予回应，并积极采取行动进行改进。幼儿园将与家长保持密切的沟通，及时反馈处理结果，确保他们的意见得到重视和解决。通过这种方式，幼儿园不仅可以及时发现问题并加以改进，还能让家长感受到幼儿园的诚意和决心，从而提升他们的满意度和忠诚度。

此外，幼儿园还可以将家长满意度调查和反馈机制的结果作为幼儿园持续改进的重要参考。幼儿园将根据家长的意见和建议，不断优化教学质量和服务水平，努力为孩子创造一个更加安全、健康、快乐的学习环境。通过这种方式，幼儿园可以赢得家长的信任和支持，为幼儿园树立良好的口碑。

在实施家长满意度调查和反馈机制的过程中，幼儿园还将注重保护家长的隐私和信息安全。幼儿园将严格遵守相关法律法规，确保家长的个人信息不被泄露或滥用。同时，幼儿园也将定期对调查和反馈机制进行审查和更新，以适应社会和家长需求的变化。

（二）家长推荐计划

为了进一步扩大幼儿园的知名度和影响力，幼儿园可以实施一项家长推荐计划。鼓励家长向亲朋好友推荐幼儿园，并给予一定的奖励或优惠，可以激发家长的推荐意愿，为幼儿园带来更多的潜在客户和生源。

幼儿园将设计一套公平且合理的奖励政策。当家长成功推荐一名新生入园时，他们将获得一定的奖励或优惠，如减免部分学费、获得精美礼品等。同时，被推荐的新生也将享受一定的优惠政策，如免费试听课程、入学优惠等。这种奖励政策旨在激励家长积极参与推荐计划，同时让新生家长感受到幼儿园的诚意和热情。

在实施家长推荐计划时，幼儿园将确保推荐过程的真实性和有效性。幼儿园会设立专门的推荐渠道和登记系统，对每一名新生的推荐信息进行核实和记录。同时，幼儿园也将对奖励政策的实施进行严格监督和管理，确保奖励的公平发放和合理使用。

此外，幼儿园还将加强与家长的沟通和互动，让他们更加了解幼儿园的推荐计划。幼儿园将通过家长会、微信群等渠道向家长宣传推荐计划的具体政策和奖励措施，并鼓励他们积极参与。同时，幼儿园也将及时回应家长的疑问和建议，确保推荐计划的顺利实施。

家长推荐计划的实施不仅可以扩大幼儿园的知名度和影响力，还可以增强家长与幼儿园之间的联系和信任。同时，这也将为幼儿园带来更多的潜在客户和生源，促进幼儿园的长期发展。

（三）亲子活动与社区互动

亲子活动和社区互动是幼儿园与家长、社区之间建立紧密联系的重要手段。通过这些活动，幼儿园可以让家长更加深入地了解幼儿园的教育理念和教学特色，同时能增强家长与孩子之间的互动和情感联系。

为了提升家长的满意度和参与度,幼儿园可以定期组织各种有趣的亲子活动。这些活动可以包括亲子运动会、亲子游园会、亲子阅读会等,旨在让家长和孩子共同参与,享受亲子时光。通过这些活动,家长可以更加直观地了解孩子在幼儿园的学习和生活情况,也能与教师和其他家长进行交流和互动。

除了亲子活动,幼儿园还可以加强社区互动。幼儿园可以与周边社区建立良好的合作关系,共同组织各种社区活动,如社区文艺演出、社区环保活动等。这些活动不仅可以展示幼儿园的教育成果和孩子的风采,还能让幼儿园深入社区,与社区居民建立更加紧密的联系。

在组织亲子活动和社区互动时,幼儿园将始终关注活动的安全性和趣味性。幼儿园将确保活动场所的安全设施完善,活动流程设计合理,以避免任何安全隐患。同时,幼儿园也应注重活动的趣味性,让孩子和家长在轻松愉快的氛围中参与活动,享受亲子时光。

这些亲子活动和社区互动可以提升家长的满意度和参与度,为幼儿园树立良好的社会形象和品牌形象。同时,这也有助于促进幼儿园与家长、社区之间的紧密联系和合作,为孩子的健康成长创造更加良好的环境。

第三节　提升幼儿园社会影响力

提升幼儿园的社会影响力,不仅有助于增强幼儿园的知名度和竞争力,还能为幼儿园的长期发展奠定坚实基础。以下将从参与社区活动与公益事业、建立与社会各界的合作关系、开展特色活动与成果展示,以及利用媒体平台进行品牌推广等方面,详细探讨如何提升幼儿园的社会影响力。

一、参与社区活动与公益事业

(一)积极参与社区活动

幼儿园应积极参与社区组织的各类活动,如社区文化节、亲子运动会等。通过这些活动,幼儿园可以与社区居民建立更紧密的联系,展示幼儿园的教育理念和教学成果，提升在社区居民中的知名度和美誉度。同时，参与社区活动也是幼儿园融入社区、服务社区的重要方式，有助于幼儿园与社区共同发展。

（二）组织公益活动，回馈社会

幼儿园可以定期组织公益活动，如义务植树、环保宣传、关爱孤寡老人等，以实际行动回馈社会。这些公益活动不仅有助于培养幼儿的社会责任感和同理心，还能提升幼儿园的社会形象，吸引更多家长的关注和认可。

（三）与社区共建，实现资源共享

幼儿园可以与社区建立共建关系，实现资源共享和优势互补。例如，幼儿园可以提供场地和设施供社区居民使用，而社区则可以为幼儿园提供实践基地和拓展资源。这种共建关系有助于增进彼此的了解和信任，进一步提升幼儿园在社区中的影响力。

二、建立与社会各界的合作关系

（一）与教育机构的合作

幼儿园可以积极寻求与其他教育机构的合作。通过合作，幼儿园可以了解更多教育动态和趋势，共同探讨教育问题，提高教育质量。同时，这种合作还能为幼儿园提供更多升学和发展的机会，增强家长对幼儿园的信任感。

（二）与企业的合作

幼儿园可以与相关企业建立合作关系，如儿童用品企业等。通过合作，幼儿园可以获得更多的教育资源和支持，如教学设备、教材等。同时，企业也可以通过与幼儿园的合作来推广自己的产品和服务，实现双赢。

（三）与政府部门的合作

幼儿园应积极响应政府部门的号召和政策导向，加强与政府部门的沟通和合作。通过与政府部门的合作，幼儿园可以获得更多的政策支持和资源倾斜，为幼儿园的发展创造更好的外部环境。

（四）与家长的紧密合作

家长是幼儿园最重要的合作伙伴之一。幼儿园应建立与家长之间的紧密合作关系，定期举办家长会、座谈会等活动，增进彼此的了解和信任。同时，幼儿园还可以邀请家长参与幼儿园的教育活动，让家长更加了解幼儿园的教育理念和教育方式，提高家长的满意度和参与度。

三、开展特色活动与成果展示

（一）举办特色主题活动

幼儿园可以结合自身的教育理念和特色，定期举办各类特色主题活动。如科技节、艺术节、阅读节等。这些活动可以展示幼儿园的教育成果和幼儿的才华，吸引更多人的关注和认可。

（二）组织家长开放日活动

家长开放日活动是幼儿园向社会展示自身教育理念和教学成果的重要途径。在活动期间，幼儿园可以邀请家长和社区居民来园参观，了解幼儿园的教育环境、课程设置和师资力量等方面的情况。这种活动不仅可以增强幼儿园与社会的互动和交流，还能提高幼儿园的知名度和美誉度。

（三）参与各类竞赛和评选活动

幼儿园可以积极参与各类竞赛和评选活动，如教育创新大赛、优质课评选等。通过这些活动，幼儿园可以展示自己的教育实力和创新能力，获得更多的荣誉和奖项。这些荣誉和奖项不仅是对幼儿园工作的肯定和鼓励，还能进一步提升幼儿园的社会影响力。

四、利用媒体平台进行品牌推广

（一）建立官方网站和社交媒体账号

在数字化时代，互联网成了信息传播的主要渠道。幼儿园作为教育机构，也需紧跟时代步伐，充分利用网络资源来扩大自身影响力。建立官方网站和社交媒体账号，是幼儿园走向信息化、现代化的重要一步。

官方网站是幼儿园的"网络门面"，它代表着幼儿园的形象和专业度。通过官方网站，幼儿园可以详细地介绍自己的教育理念、师资力量、教学设施以及课程特色。网站上还可以设置家长留言板，方便家长与幼儿园进行沟通交流，及时解答家长的疑问和困惑。同时，定期更新网站的新闻动态，展示幼儿园的最新活动和教学成果，让家长和社会各界人士随时了解幼儿园的最新发展。

除了官方网站，社交媒体账号也是幼儿园宣传的重要途径。如今，微信、微博等社交媒体平台已经深入人们的生活，幼儿园可以通过这些平台发布更加生动、有趣的内容，吸引更多人的关注。例如，可以分享孩子的日常活动照片、视频，展示他们的成长和进步；还可以发布教育专家的育儿文章，为家长提供科学育儿的知识和方法。

通过官方网站和社交媒体账号的建立和运营，幼儿园不仅能够及时传递自身的最新资讯，提高曝光度和知名度，还能够与家长和社会各界建立更加紧密的联系，为幼儿园的长远发展奠定坚实基础。

（二）与媒体合作进行宣传报道

媒体是信息传播的重要载体，与媒体建立良好的合作关系，对于提升幼儿园的社会影响力具有显著效果。幼儿园可以主动与当地电视台、报社等媒体取得联系，邀请他们来园进行采访和报道。

在与媒体合作时，幼儿园需要充分展示自己的教育理念和教学成果，可以安排媒体参观幼儿园的教学环境，观摩孩子的课堂活动，与教师和家长进行深入交流。通过这些实地采访和报道，媒体能够更加真实、客观地展示幼儿园的教育特色和优势，从而吸引更多人的关注和认可。

此外，幼儿园还可以与媒体共同策划一些专题报道或教育栏目，深入探讨幼儿教育领域的热点问题和发展趋势。这不仅能够提升幼儿园的专业形象和社会地位，还能够为家长和社会提供更多有价值的教育信息。

通过与媒体的合作宣传报道，幼儿园可以更加广泛地传递自身的教育理念和教学成果，提高社会影响力，为幼儿园的招生和发展创造更加有利的条件。

（三）利用网络营销手段进行推广

随着互联网的普及和发展，网络营销已经成为各行各业宣传推广的重要手段。幼儿园也可以借助网络营销的力量来扩大自身的知名度和影响力。

首先，搜索引擎优化是一种有效的网络营销方式。优化网站结构和内容可提高网站在搜索引擎中的排名，从而增加网站的曝光率和访问量。幼儿园可以聘请专业的搜索引擎优化团队对官方网站进行优化，确保家长在搜索相关关键词时能够轻松找到幼儿园的官方网站。

其次，关键词广告也是一种高效的网络营销手段。幼儿园可以在搜索引擎中投放关键词广告，当家长搜索相关教育服务时，幼儿园的广告就会展示在他们面前。这种方式能够精准地触达目标受众，提高幼儿园的知名度和招生效果。

最后，利用短视频平台进行推广也是当前非常流行的网络营销方式。幼儿园可以制作一些有趣、有教育意义的短视频内容，在抖音、快手等平台上发布。这些视频可以展示孩子在幼儿园的快乐生活和学习场景，吸引更多人的关注和转发。通过这种方式，幼儿园可以迅速扩大自身的知名度和影响力，吸引更多家长和孩子前来了解和体验。

综上所述，利用网络营销手段进行推广是幼儿园提升社会影响力的有效途径。通过搜索引擎优化、关键词广告和短视频平台等方式的结合运用，幼儿园可以在互联网时代中脱颖而出，实现更加广泛和深入的宣传推广效果。

第十一章 幼儿园的法律与伦理规范

第一节 遵守相关法律法规

一、了解并掌握国家相关教育法律法规

开办和运营幼儿园，首要的任务是了解并掌握国家相关教育法律法规。这些法律法规为幼儿园的运营提供了基本的法律框架，保障了教育活动的正常进行，并确保了幼儿、教职工和幼儿园的合法权益。

（一）熟知《教育法》及其相关规定

幼儿园的管理者和教职工应当熟知《中华人民共和国教育法》（简称《教育法》）。这是我国教育领域的基本法，对于幼儿园的教育教学活动有着纲领性的指导意义。此外，还需了解与《教育法》相关的实施细则和地方性教育法规，这些规定对幼儿园的具体运营和管理提出了更为详细的要求。通过深入学习和理解这些法律法规，幼儿园能够确保自身的教育教学活动符合国家法律的要求，为幼儿提供一个合法、安全的学习环境。

（二）掌握儿童权益保护相关法律法规

幼儿园作为教育和照顾幼儿的重要场所，肩负着保护儿童权益的重要责任。因此，幼儿园的工作人员需要深入学习和掌握《中华人民共和国未成年人保护法》等相关法律法规，确保在幼儿园的日常运营中充分尊重和保障儿童的各项权益。这些法律法规对儿童生存权、儿童发展权、儿童参与权等基本权利做出了明确规定，是幼儿园进行儿童权益保护工作的重要法律依据。

（三）遵循学前教育相关政策与规范

除了基本的法律法规，幼儿园还需要关注并遵循国家和地方政府发布的学前

教育相关政策和规范。这些政策和规范通常针对学前教育的特点制定，对幼儿园的教学内容、教学方法、师资条件、设施设备等方面都有具体的规定。幼儿园应当按照这些政策和规范的要求，不断完善自身的教育教学条件，提高教育质量，确保幼儿能够在科学、规范的教育环境中健康成长。

二、确保幼儿园运营合法合规

在确保了解并掌握国家相关法律法规的基础上，幼儿园需要进一步采取措施，确保自身的运营合法合规。这不仅是遵守法律的基本要求，也是保障幼儿园长期稳定发展的关键。

（一）制定并执行严格的规章制度

幼儿园应当根据国家法律法规和自身实际情况，制定并执行一系列严格的规章制度。这些规章制度应涵盖幼儿园的各个方面，如教学管理、学生管理、教职工管理、安全管理等。规章制度的制定和执行，可以确保幼儿园的各项活动都在法律允许的范围内进行，避免因违规操作而带来的法律风险。

（二）加强教职工的法律培训与教育

为了确保幼儿园的合法合规运营，必须加强对教职工的法律培训与教育。通过定期的法律培训课程，教职工深入了解和掌握与幼儿园运营相关的法律法规，增强他们的法律意识和合规意识。同时，通过案例分析等方式，教职工了解违法违规行为的严重后果，从而增强他们的法律敬畏感和遵守法律的自觉性。

（三）建立完善的监督机制与反馈渠道

为了确保规章制度的有效执行，幼儿园需要建立完善的监督机制和反馈渠道。设立专门的监督机构或指定专人负责监督工作可对幼儿园的各项活动进行定期检查和抽查，确保各项规章制度的严格落实。同时，建立畅通的反馈渠道，鼓励教职工、家长和社会各界对幼儿园的运营进行监督并提出宝贵意见，以便及时发现问题并进行整改。

（四）依法处理法律纠纷与争议

在幼儿园运营过程中，难免会遇到各种法律纠纷和争议。面对这些问题时，幼儿园应当秉持依法处理的原则，通过法律途径解决争议。同时，也要积极配合相关部门的调查和处理工作，及时提供相关证据和材料，以便尽快解决纠纷并恢复幼儿园的正常运营。

三、及时关注法律法规的更新与变动

法律法规是随着社会发展和时代进步而不断更新和完善的。幼儿园需要及时关注法律法规的更新与变动，以确保自身的运营始终符合最新的法律要求。

（一）定期查看相关法律法规更新情况

为了及时了解法律法规的更新情况，幼儿园应当指定专人负责定期查看国家及地方政府发布的最新法律法规信息。这可以通过订阅相关政府部门发布的法律法规信息、参加相关培训会议等方式实现。同时，也可以利用互联网资源搜索最新的法律法规动态和信息。

（二）组织学习与培训活动

每当有新的法律法规出台或更新时，幼儿园应当组织教职工进行学习与培训活动。通过邀请专家讲解、组织内部研讨会等方式，教职工深入理解和掌握新的法律法规内容及其对幼儿教育工作的影响和要求。这样可以确保幼儿园在运营过程中始终保持与法律要求的同步更新状态。

（三）调整运营策略以适应法律变化

随着法律法规的更新与变动，幼儿园可能需要对自身的运营策略进行调整以适应新的法律环境。例如，当新的法律法规对幼儿园的办学条件、师资力量等方面提出更高要求时，幼儿园就需要加大投入进行改善和提升以满足新的法律要求并确保自身的合法合规运营状态，同时要注意在调整过程中与相关部门进行沟通和协调以确保平稳过渡并避免不必要的法律风险。

第二节　伦理原则与行为规范

一、坚守教育伦理与专业道德

（一）尊重每个孩子的个性和差异

教育伦理和专业道德的核心在于尊重。每个孩子都是独一无二的个体，拥有各自的潜能和天赋。作为教育者，幼儿园应当深刻理解并尊重每个孩子的个性和差异，避免"一刀切"的教育方式。在实践中，幼儿园需要根据每个孩子的兴趣、能力和需求来定制教育方案，而不是简单地按照统一的标准来要求他们。

（二）保护孩子的权益和安全

坚守教育伦理还体现在对孩子权益和安全的坚决保护上。幼儿园作为孩子成长的重要场所，必须确保每个孩子在这里都能得到公正的对待，免受任何形式的歧视、虐待或忽视。同时，幼儿园还要积极营造一个安全、健康、和谐的学习环境，让孩子在这里自由地探索、学习和成长。

（三）促进孩子的全面发展

除了尊重和保护，教育伦理还要求幼儿园致力于促进孩子的全面发展。这包括知识、技能、情感态度等方面。幼儿园要通过丰富多彩的教育活动和亲切温暖的师生互动，激发孩子的学习兴趣，培养他们的创新思维和实践能力，同时注重培养他们良好的道德品质和社会责任感。

（四）持续自我提升与专业发展

作为教育者，幼儿园教职人员自身也是学习过程中的重要一环。坚守教育伦理和专业道德，不仅要求教师关注孩子的成长，也要求教师不断进行自我提升和专业发展。教师要时刻保持对教育新理念、新方法的关注和学习，不断提高自己的教育教学能力，以更好地服务于孩子的成长和发展。

二、制定并执行幼儿园行为规范

（一）明确行为规范的必要性和意义

在幼儿园中，制定并执行明确的行为规范是至关重要的。这些规范不仅为孩子提供了一个清晰的行为准则，帮助他们理解并适应社交环境，还有助于维护园所的秩序和孩子的安全。通过行为规范，幼儿园可以教育孩子学会尊重他人、遵守规则，并培养他们的自律性和责任感。

（二）制定具体可行的行为规范

为了确保行为规范的有效实施，幼儿园需要制定一套具体可行的规范体系。这些规范应涵盖孩子在幼儿园生活的各个方面，如课堂纪律、游戏规则、卫生习惯等。同时，幼儿园还要根据不同年龄段孩子的认知特点和发展需求，对规范进行细化和调整，以确保其既具有指导意义，又符合孩子的实际情况。

（三）执行与监督行为规范的实施

制定行为规范后，关键在于执行和监督。幼儿园要通过日常的教育教学活动，不断引导孩子遵守规范，及时纠正他们的不当行为。同时，幼儿园还要建立起有效的监督机制，定期对孩子的行为进行评估和反馈，以确保规范得到切实执行。此外，幼儿园还要积极与家长沟通合作，共同促进孩子良好行为习惯的养成。

（四）持续改进与完善行为规范

行为规范不是一成不变的。随着孩子的成长和园所环境的变化，幼儿园需要对规范进行持续的改进和完善。幼儿园要密切关注孩子的行为表现和发展需求，及时调整不适应的规范条款，以确保其始终能够发挥积极的引导作用。同时，幼儿园还要不断总结经验教训，持续优化规范体系，为孩子的成长提供更加有力的支持。

三、营造积极向上的教育氛围

（一）建立和谐的师生关系

积极向上的教育氛围的基石无疑是和谐、融洽的师生关系。在幼儿园这个特殊的教育环境中，师生关系的和谐与否，直接关系教育教学的质量以及孩子的心理健康成长。因此，建立和谐的师生关系是幼儿园教育中的一项重要任务。

在幼儿园中，教师应该以亲切、和蔼的态度对待每一个孩子。孩子是天真无邪的，他们对外界充满了好奇和探索的欲望，但同时可能对陌生人和新环境产生畏惧感。因此，教师的亲切与和蔼，可以迅速拉近与孩子的距离，让他们感受到教师的关爱和温暖。当孩子感受到教师的善意和关心时，他们会更愿意接近教师，与教师分享自己的想法和感受，从而建立一种信任感和安全感。

除了态度亲切，教师还应该尊重每一个孩子的个性和差异。每个孩子都是独一无二的，他们有着不同的兴趣、爱好和天赋。教师应该了解每个孩子的特点，尊重他们的选择和发展方向，给予他们充分的支持和鼓励。当孩子感受到自己的个性和差异被认可和尊重时，他们会更加自信和开朗，也更有可能发挥自己的潜能和才华。

同时，教师应该通过日常的互动和交流，与孩子建立深厚的师生情谊。这种情谊不仅体现在教学上的传道授业解惑，更体现在生活上的关心与照顾。教师应该时刻关注孩子的需求和感受，及时给予他们帮助和支持。当孩子遇到困难或挫折时，教师应该成为他们的坚强后盾，给予他们勇气和力量去面对和克服困难。

在建立和谐的师生关系的过程中，孩子不仅能够感受到教师的关爱和支持，还能够在这种氛围中学会尊重和理解他人。他们会逐渐明白，每个人都是独特的、有价值的，应该得到平等和尊重的对待。这种尊重和理解的态度，将伴随他们一生，成为他们与他人和谐相处的重要基石。

（二）鼓励积极的同伴交往

同伴交往在幼儿园生活中占据着举足轻重的地位，它是孩子社交能力、团队协作能力以及情感智力发展的重要途径。因此，幼儿园应当鼓励孩子互动和合作，以此培养他们的团队协作精神、沟通技巧和解决问题的能力。

为了实现这一目标，教师可以通过组织各种团体活动和游戏，为孩子创造一个轻松愉快的交往环境。在这些活动中，孩子有机会与其他同伴共同完成任务，分享彼此的想法和经验，从而增进友谊、加深了解。这种合作与分享的过程，不仅能够帮助孩子建立自信，还能够培养他们的责任感和同理心。

同时，教师还应该引导孩子学会倾听和尊重他人的意见，鼓励他们用积极的方式解决冲突和分歧。在同伴交往中，难免会遇到意见不合或者矛盾冲突的情况。这时，教师应该引导孩子学会换位思考，理解他人的立场和需求，通过沟通和协商来解决问题。这种处理方式不仅能够维护友谊和团队和谐，还能够让孩子学会如何面对和解决现实生活中的问题。

通过这些努力，孩子将在幼儿园中度过一段美好的时光，不仅学到了知识，还收获了珍贵的友谊和社交经验。这些经验将对他们未来的学习和生活产生深远的影响。

（三）创造丰富多彩的教育环境

教育环境对于孩子的成长具有潜移默化的影响，一个丰富多彩、富有启发性的教育环境能够激发孩子的好奇心和求知欲，促进他们的全面发展。因此，幼儿园应该努力创造一个充满趣味性和探索性的教育环境，为孩子提供广阔的学习空间和机会。

首先，幼儿园可以通过布置各种主题墙来丰富教育环境。主题墙可以根据不同的节日、季节或教学内容进行设计和更换，上面可以展示孩子的作品、图片、实物等，让孩子在观察和欣赏中增长知识、开阔视野。

其次，设置图书角也是创造丰富的教育环境的重要举措。图书角应该提供各种各样的图书和绘本，让孩子在阅读中感受到知识的力量和乐趣。教师还可以定期组织阅读分享活动，让孩子有机会向大家介绍自己喜欢的书籍和阅读心得，从而培养他们的语言表达能力和阅读理解能力。

此外，科学区也是一个不可或缺的教育环境组成部分。在科学区，幼儿园可以提供各种实验器材和材料，让孩子在动手操作中探索科学的奥秘和乐趣。教师还可以设计一些有趣的科学实验活动，引导孩子通过观察、实验和思考来发现问题、解决问题，从而培养他们的科学素养和创新能力。

除了以上几个区域，幼儿园还可以根据孩子的兴趣和需求设置其他特色区域，如美术区、音乐区等。这些区域可以为孩子提供更加多元化的学习资源和活动选择，让他们在轻松愉快的氛围中全面发展自己的潜能和才华。

在创造丰富多彩的教育环境的同时，幼儿园还要注重环境的整洁和美观。一个整洁美观的环境不仅能够给孩子带来舒适和愉悦的感受，还能够培养他们的审美能力和卫生习惯。因此，幼儿园应该定期对环境进行清洁和整理，保持每一个角落的干净和整洁。同时，幼儿园还可以通过合理的布局和装饰来美化环境，让孩子在温馨宜人的氛围中快乐成长。

第三节　维护幼儿园与幼儿的权益

一、保护幼儿的合法权益不受侵犯

（一）确保幼儿人身安全与健康

幼儿园作为幼儿的"第二个家"，有责任确保幼儿的人身安全与健康。这包括提供一个安全、卫生的环境，预防任何可能对幼儿造成伤害的风险。例如，幼儿园应定期检查设施设备的安全性，及时维修或更换损坏的玩具和器械。同时，幼儿园还应注重幼儿的饮食健康，提供营养均衡的餐食，并教育幼儿养成良好的卫生习惯。

（二）尊重并保护幼儿的隐私权

幼儿的隐私权同样不容忽视。幼儿园在处理幼儿的个人信息时，应严格遵守相关法律法规，确保这些信息不被滥用或泄露。例如，未经家长同意，幼儿园不得随意公开幼儿的照片、视频等。此外，幼儿园还应在日常教育中引导幼儿了解并尊重他人的隐私，培养幼儿的隐私意识。

（三）维护幼儿的受教育权

受教育权是幼儿的基本权利之一。幼儿园应提供丰富多样的教育活动，满足幼儿全面发展的需求。这包括提供适宜的学习材料、创设良好的学习环境，以及组织各种有趣的活动。同时，幼儿园还应关注每个幼儿的学习情况，及时发现并解决他们在学习过程中遇到的问题，确保每个幼儿都能获得受教育机会。

（四）禁止任何形式的虐待与歧视行为

幼儿园应坚决禁止任何形式的虐待与歧视行为。这包括身体虐待、精神虐待以及基于性别、种族等因素的歧视。幼儿园应加强对教职工的培训，提高他们的职业素养和法律意识，确保他们能够以爱心和耐心对待每一个幼儿。同时，幼园还应建立完善的投诉机制，及时处理家长的投诉和建议，切实保障幼儿的合法权益。

二、建立并完善幼儿权益保护机制

（一）制定并执行严格的幼儿保护政策

幼儿的权益保护是幼儿园运营中的首要任务，为此，幼儿园必须制定并执行一套严格的幼儿保护政策。该政策不仅要明确禁止任何形式的虐待、忽视和歧视行为，还要对具体的违规行为进行明确的界定，并制定严厉的处罚措施。

在制定幼儿保护政策时，幼儿园要全面考虑幼儿的身心发展需求，以及他们在幼儿园中可能面临的各种风险。政策内容将涵盖幼儿的安全、健康、教育等方面，确保每一个细节都能得到关注和处理。

为了让所有教职员工都了解和遵守这些政策，幼儿园可以组织定期的培训会议，对政策内容进行深入的解读和讲解。同时，幼儿园也会在公共区域张贴相关政策内容，以便教职员工随时查看和了解。

此外，幼儿园还将建立一种持续的政策审查和更新机制，以适应社会和法律环境的变化。幼儿园将密切关注相关法律法规的更新和变化，及时调整和完善幼儿保护政策，确保其始终符合国家和地方的法律法规要求。

（二）建立专门的幼儿保护团队

为了确保幼儿保护政策的有效执行，幼儿园将建立一支专门的幼儿保护团队。这个团队将由有经验的教师、保育员和行政人员组成，他们不仅具备丰富的教育经验，还将接受专业的幼儿保护培训。

幼儿保护团队的主要职责是监督和执行幼儿保护政策，确保所有幼儿在幼儿园中的权益得到充分保障。他们将密切关注幼儿的生活和学习情况，及时发现和处理任何可能侵犯幼儿权益的情况。同时，他们还将与家长保持密切沟通，共同关注幼儿的成长和发展，及时解决家长在育儿过程中遇到的问题和困惑。

为了提高幼儿保护团队的专业素养和应对能力，幼儿园可以定期组织相关的培训和学习活动。通过这些活动，团队成员可以不断更新自己的知识和技能，更好地履行保护幼儿的职责。

（三）定期开展幼儿保护培训和教育活动

为了提高教职工对幼儿保护的认识和重视程度，幼儿园可以定期开展相关的培训和教育活动。这些活动将涵盖幼儿保护的法律法规、识别和处理侵犯幼儿权益的行为以及正确的育儿观念和方法等方面。

幼儿园通过讲座、研讨会和案例分析等形式，帮助教职员工深入了解幼儿保护的重要性，提升他们的专业素养和应对能力。同时，幼儿园还可以邀请专业人士和家长代表共同参与这些活动，分享他们的经验和见解，促进家园之间的交流和合作。

这些培训和教育活动能够营造一个更加安全、健康的幼儿园环境，让幼儿在这里快乐成长。同时，家长积极参与其中，与幼儿园共同承担保护和教育幼儿的责任。

（四）建立有效的举报和反馈机制

为了确保幼儿保护政策的有效执行，及时发现和处理违规行为，幼儿园将建立有效的举报和反馈机制。这个机制将鼓励教职员工、家长和幼儿及时报告任何可能侵犯幼儿权益的情况，以便幼儿园迅速介入并采取措施。

幼儿园可以设立专门的举报渠道，如电话热线、电子邮箱等，方便相关人员随时进行举报。同时，幼儿园也将保护举报人的隐私和安全，确保他们的个人信息不被泄露或滥用。对于收到的举报信息，幼儿园将进行认真审核和调查，并根据实际情况采取相应的处理措施。

除了举报机制，幼儿园还可以建立一种有效的反馈机制，及时了解和处理教职员工、家长和幼儿的意见和建议。幼儿园将设立专门的反馈渠道，并定期收集和整理这些意见和建议，以便不断改进和优化幼儿园的管理和服务。通过这种方式，幼儿园可以更好地了解幼儿园运营中存在的问题和不足，并采取有针对性的措施进行改进。同时，这也有助于增强教职员工、家长和幼儿对幼儿园的信任感和归属感，促进幼儿园的长期发展。

三、加强与家长的沟通和合作

（一）定期举办家长会，增进家园互信

幼儿园应定期举办家长会，与家长面对面交流，了解他们的期望和建议。通过家长会，幼儿园可以向家长详细介绍教育理念、课程设置和保护措施等方面的情况，同时听取家长的意见和反馈。这有助于增进家园之间的互信和合作，共同为幼儿的成长提供支持。

（二）建立有效的信息共享机制

为了方便家长了解幼儿在园的学习和生活情况，幼儿园应建立有效的信息共享机制。例如，幼儿园可以利用网络平台或手机应用程序等方式，及时向家长推送幼儿在园的活动照片、视频和学习进展等信息。这不仅可以增强家长对幼儿园的信任感，还有助于他们更好地参与和支持幼儿的教育过程。

（三）鼓励家长参与幼儿园活动

幼儿园应积极邀请家长参与各种园内活动，如亲子运动会、文艺汇演等。这些活动不仅可以增进家长与幼儿之间的互动和情感联系，还有助于家长更好地了解和支持幼儿园的工作。同时，通过参与活动，家长也可以为幼儿园的发展提出宝贵的意见和建议。

（四）建立家园共育的良好氛围

为了实现家园共育的目标，幼儿园应努力营造一种相互尊重、平等交流的氛围。教职员工应以开放、友善的态度对待每一位家长，尊重他们的观点和选择。同时，幼儿园还可以通过开展各种亲子活动和教育讲座等方式，帮助家长提高育儿水平，促进家园之间的紧密合作。

四、确保幼儿园和谐稳定

（一）建立公正、透明的纠纷处理机制

在幼儿园的运营过程中，难免会遇到各种纠纷和冲突，如家长与教师之间的教育理念差异、幼儿之间的相处问题等。为了有效应对这些情况，幼儿园必须建立公正、透明的纠纷处理机制。

首先，幼儿园应设立专门的纠纷处理小组，由园领导、教师代表、家长代表等人员组成。这个小组将负责受理、调查和处理园内发生的各类纠纷。小组成员需经过专业培训，具备处理纠纷的知识和技能，以确保纠纷处理的公正性和专业性。

其次，幼儿园需明确纠纷处理的流程和时限。当发生纠纷时，当事人可以向纠纷处理小组提出申请，小组将在规定时限内进行调查、取证和调解。处理过程中，应确保双方的申辩权等得到充分保障，避免任何形式的偏袒和不公。

再次，幼儿园应鼓励当事人通过协商、调解等方式解决纠纷。协商和调解不仅能够降低纠纷处理的成本，还能在更大程度上维护双方的利益和关系。在协商和调解过程中，纠纷处理小组可以提供专业的指导和建议，帮助双方找到合理的解决方案。

最后，为了确保纠纷处理机制的透明性，幼儿园应定期公布纠纷处理情况和结果，接受家长和社会的监督。这不仅可以增强幼儿园的公信力，还能促进纠纷处理工作水平的不断完善和提高。

通过建立公正、透明的纠纷处理机制，幼儿园可以有效应对各种争议和冲突，维护园内的和谐稳定，为幼儿的健康成长创造良好的环境。

（二）加强与法律机构的合作与沟通

为了更好地处理纠纷和争议，以及确保幼儿园的合法权益得到保障，加强与法律机构的合作与沟通显得尤为重要。幼儿园应当与法律机构建立长期稳定的合作关系，以便在需要时能够及时获得专业的法律援助和咨询。

首先，幼儿园可以与当地的律师事务所或法律援助中心签订合作协议，明确双方的权利和义务。在纠纷处理过程中，幼儿园可以邀请专业律师参与调解或提供法律意见，确保纠纷处理的合法性和公正性。

其次，幼儿园应定期组织教职员工参加法律知识培训，提高大家的法律意识和素养。通过培训，教职员工可以更好地了解法律法规，增强依法办事的自觉性，减少因不懂法而引发的纠纷。

最后，幼儿园还可以与法律机构共同开展法治教育活动，如模拟法庭、法治讲座等，让幼儿从小树立法治观念，学会用法律武器保护自己。

通过与法律机构的紧密合作与沟通，幼儿园不仅可以提高自身的法律风险防范能力，还能为幼儿营造一个安全、和谐的成长环境。

（三）及时回应社会关切与质疑

在信息时代，社会舆论对幼儿园的影响不容忽视。面对社会关切和质疑，幼儿园必须做到及时回应并澄清事实真相，以维护自身的社会形象和声誉。

首先，幼儿园应建立完善的信息发布机制，确保在发生重大事件或出现社会关注度高的问题时，能够迅速发布官方声明，明确表态并解释相关情况。这不仅可以避免谣言的传播，还能增强幼儿园的公信力。

其次，幼儿园应积极接受媒体采访，借助媒体的力量传递正面信息，回应社会关切。在与媒体沟通时，幼儿园应保持开放、透明的态度，提供准确、客观的信息和数据支持。

最后，当面临较为复杂的纠纷或争议时，幼儿园可以邀请第三方机构进行调查并公布结果。第三方机构的客观性和专业性往往能够更有效地消除公众的疑虑和误解。

通过及时回应社会关切与质疑，幼儿园可以树立良好的社会形象，增强家长和社会的信任与支持，为幼儿园的长期发展奠定坚实基础。

（四）持续改进管理与服务水平

为了减少纠纷和争议的发生，以及提升幼儿园的整体竞争力，持续改进管理与服务水平是至关重要的。这涉及规章制度的完善、教职员工职业素养的提高以及教育资源的优化配置等方面。

首先，幼儿园应定期审视并更新规章制度，确保其与时俱进、符合教育发展规律和幼儿成长需求。规章制度的完善不仅可以规范教职员工的行为举止，还能为纠纷处理提供有力的制度保障。

其次，提高教职员工的职业素养是改进管理与服务水平的关键。幼儿园应定期开展职业培训、组织教学研讨等活动，提升教职员工的教育教学能力、沟通能力和应急处理能力。同时，建立健全的激励机制和考核机制，激发教职员工的工作热情和创新精神。

最后，优化教育资源配置也是提升服务质量的重要环节。幼儿园应根据自身条件和发展需求合理配置教育资源，如师资力量、教学设施、课程教材等。通过不断优化资源配置，幼儿园可以更好地满足家长和幼儿的需求，提升教育质量和办学效益。

总之，通过持续改进管理与服务水平，幼儿园可以减少纠纷和争议的发生，提升家长和社会的满意度，为幼儿园的长期发展奠定坚实基础。

第十二章　幼儿园的创新与可持续发展

第一节　创新管理理念与方法

一、引入现代管理理念与技术

在当今快速发展的社会中，幼儿园要实现创新与可持续发展，必须紧跟时代步伐，引入现代管理理念与技术，以提升管理效率和教育质量。

（一）实施信息化管理，提升管理效率

随着信息技术的飞速发展，信息化管理已成为提升幼儿园管理效率的重要手段。幼儿园可以通过建立信息化管理系统，将幼儿信息、教职工信息、教学资源等数据进行整合，实现信息的实时更新与共享。这样不仅可以减少信息传递的层级和时间，提高工作效率，还能确保信息的准确性和及时性。同时，利用大数据和人工智能技术，对幼儿园运营数据进行分析和挖掘，为决策提供科学依据，推动幼儿园向更加精细化、个性化的管理方向发展。

（二）引入项目管理理念，优化资源配置

项目管理作为一种有效的管理方法和工具，在幼儿园管理中同样具有广泛的应用前景。通过引入项目管理理念，幼儿园可以将各项工作任务明确划分，制订详细的项目计划和预算，合理分配人力、物力和财力资源，确保项目的顺利进行。这不仅有助于提高工作效率，还能优化资源配置，减少浪费，提高幼儿园的运营效益。同时，项目管理还能加强团队协作与沟通，提升教职工的工作积极性和责任感。

（三）推广参与式管理，激发教职工创造力

参与式管理是一种强调民主、平等和参与的管理方式，能够有效激发教职工的创造力和工作热情。在幼儿园中推广参与式管理，可以让教职工更加积极地参与幼儿园的各项决策和管理，充分发挥他们的专业知识和实践经验。这不仅有助于提升教职工的归属感和满意度，还能为幼儿园的创新与发展提供源源不断的动力。同时，参与式管理可以及时发现和解决问题，推动幼儿园的持续改进和提升。

（四）建立知识管理体系，促进知识共享与创新

知识是幼儿园可持续发展的重要资源，建立知识管理体系对于促进知识的共享与创新具有重要意义。幼儿园可以通过建立知识库、开展知识培训、鼓励教职工分享经验等方式，促进园内知识的积累与传播。同时，积极与外部机构进行合作与交流，引进先进的教育理念和教育方法，不断丰富和更新幼儿园的教育资源。建立完善的知识管理体系可以推动幼儿园教育教学的不断创新与发展。

二、创新管理方法与手段的探索

为了实现幼儿园的可持续发展，不仅需要引入现代管理理念与技术，还需要不断探索创新管理方法与手段。以下是对此的几点探索：

（一）实施目标管理与绩效考核相结合的方法

目标管理是一种强调目标设定、实施、评估和反馈的管理方法，而绩效考核则是对教职工工作成果进行客观评价的重要手段。将目标管理与绩效考核相结合，可以使幼儿园的管理更加具有针对性和实效性。设定明确的工作目标，可引导教职工朝着共同的方向努力；定期的绩效考核，可对教职工的工作成果进行客观评价，及时发现问题并进行改进。这种方法可以激发教职工的工作积极性，提高工作效率，推动幼儿园的可持续发展。

（二）开展团队建设与培训活动，提升教职工素质

团队建设与培训活动是提升教职工素质、增强团队协作能力的重要途径。幼儿园可以定期组织各类团队建设活动，如户外拓展、团队游戏等，增强教职工之间的沟通与信任。同时，针对教职工的实际需求和发展目标开展培训课程，如教育理念更新、教学方法改进等，提升教职工的专业素养和教育教学能力。这些活动不仅有助于提升教职工素质，还能为幼儿园的创新与发展提供有力的人才

保障。

（三）构建家园共育模式，促进家园合作与交流

家园共育是幼儿园教育的重要组成部分，也是推动幼儿园可持续发展的关键因素之一。构建家园共育模式，可加强与家长的沟通和合作，可以让家长更加了解幼儿园的教育理念和教育方式，同时能为幼儿园提供宝贵的反馈和建议。幼儿园可以通过定期举办家长会、开展亲子活动等方式，增进家园之间的联系与互动。同时，利用现代信息技术手段建立家园互动平台，及时分享幼儿在园的学习与生活情况，引导家长积极参与幼儿的教育。这种家园共育模式不仅可以促进幼儿的全面发展，还能为幼儿园的创新与可持续发展奠定坚实的基础。

第二节　可持续发展的战略规划

在快速发展的社会背景下，幼儿园要实现创新与可持续发展，必须制订明确的战略规划。这不仅包括设定长期的发展规划和目标，还需要在教育质量、服务水平以及师资培训等方面做出持续的努力。以下是对这些关键领域的详细探讨。

一、制订长期发展规划与目标

（一）明确幼儿园的定位与特色

在制订长期发展规划之前，幼儿园必须首先明确自己的定位和特色。这涉及幼儿园的教育理念、教学模式、课程设置等方面。通过深入分析市场需求、家长期望以及教育资源等因素，幼儿园可以确定自己在教育市场中的独特位置，从而制订符合自身特点的发展规划。

（二）设定具体、可衡量的发展目标

基于幼儿园的定位和特色，接下来需要设定具体、可衡量的发展目标。这些目标应该包括提高教育质量、扩大招生规模、增强师资力量、优化教育环境等方面。每个目标都应该明确、具体，并且可以通过一定的指标来衡量其实现情况。

（三）制定实现目标的时间表和路线图

设定了发展目标之后，幼儿园需要制定详细的时间表和路线图来实现目标。这包括确定每个阶段的具体任务、时间节点以及负责人等。明确的时间规划可以确保幼儿园的发展有序进行，同时有助于及时发现问题并调整策略。

（四）建立评估与反馈机制

为了确保发展规划的有效实施，幼儿园还需要建立评估与反馈机制。这包括对各项发展目标的定期评估、对实施效果的实时监测以及根据反馈进行必要的调整等。通过这套机制，幼儿园可以不断优化发展规划，确保其适应市场变化和教育需求的变化。

二、提升教育质量与服务水平

（一）优化课程设置与教学内容

提升教育质量的首要任务是优化课程设置与教学内容。幼儿园应该根据孩子的年龄特点和认知发展规律，设计丰富多样的课程活动，激发孩子的学习兴趣和探索欲望。同时，教学内容要与时俱进，紧密结合社会发展和家长需求，确保孩子在幼儿园获得全面、均衡的发展。

（二）采用创新的教学方法与手段

除了课程设置，教学方法和手段的创新也是提升教育质量的关键。幼儿园可以引入多媒体教学、情境教学、项目式学习等先进的教学方法，让孩子在轻松愉快的氛围中主动学习、积极探索。同时，利用现代科技手段（如智能教学设备、在线教育平台等）可以丰富教学手段，提高教学效果。

（三）加强与家长的沟通和合作

教育质量的提升离不开家长的参与和支持。幼儿园应该加强与家长的沟通和合作，定期举办家长会、开放日等活动，让家长了解幼儿园的教育理念、教学计划和孩子在园的表现。同时，积极听取家长的意见和建议，及时调整教学策略和方法，以满足家长和孩子的需求。

（四）建立完善的服务质量评价体系

为了确保服务水平的持续提升，幼儿园需要建立完善的服务质量评价体系。

这包括对教师的服务态度、专业技能、班级管理等方面的评价，以及对幼儿园整体环境、设施设备的评价等。通过定期的评价与反馈，幼儿园可以及时发现服务中存在的问题并加以改进，从而提高家长和孩子的满意度。

三、加强师资培训与团队建设

（一）定期开展教师培训与提升活动

教师是幼儿园教育的关键因素，他们的专业素养和教学能力直接影响幼儿园的教育质量。因此，为了提升教师的整体水平，幼儿园需要定期开展全面且系统的教师培训与提升活动。

教师培训的内容应该涵盖多个方面，首先是教育理论的学习。随着教育理念的不断更新，教师需要掌握最新的教育思想，如儿童中心主义、建构主义理论等。这些先进的教育理论能够帮助教师更好地理解儿童的学习过程，从而调整自己的教学策略。幼儿园可以邀请教育专家来举办讲座，或者组织教师研读教育类书籍，以此提高他们的理论素养。

除了理论学习，教学技能的培训也同样重要。一个优秀的教师不仅需要扎实的专业知识，还需要灵活多样的教学方法。例如，如何组织课堂活动、如何进行有效的师生互动、如何利用教学工具提高教学效果等。幼儿园可以组织教师进行课堂教学观摩，学习优秀教师的教学技巧；也可以开展模拟教学活动，让教师在实践中锻炼和提高自己的教学能力。

此外，心理健康教育也是教师培训中不可忽视的一部分。幼儿期是心理发展的关键时期，教师需要了解儿童心理发展的特点，掌握基本的心理咨询技巧，以便更好地理解和帮助每一个孩子。幼儿园可以定期安排心理健康教育讲座，或者组织教师参加心理健康教育培训课程，提升他们在这一领域的专业素养。

同时，为了保证教师培训的效果，幼儿园还需要建立完善的培训评估机制。通过课堂表现、教学反思、学生评价等方式，对教师的培训成果进行客观、全面的评估。这样不仅可以及时了解教师的进步和不足，还可以为后续的培训计划提供有力的依据。

通过这些定期的教师培训与提升活动，幼儿园可以打造一支高素质、专业化的教师队伍，为孩子提供更优质的教育服务。

（二）构建积极向上的团队文化

构建积极向上的团队文化是幼儿园团队建设不可或缺的一部分。积极、健康、和谐的团队氛围能够激发教师的工作热情，促进团队成员之间的合作与交流，进而提升整个团队的工作效率和创新能力。

首先，幼儿园应该倡导尊重、包容和协作的团队氛围。尊重是建立良好团队关系的基础，每个团队成员都应该被尊重和被认可。幼儿园要鼓励教师之间互相倾听、理解对方的观点和想法，避免相互贬低或嘲笑。同时，团队成员之间要相互包容，接纳彼此的差异和不足，以开放的心态面对不同的意见和建议。协作是团队成功的关键，幼儿园要促进教师之间的合作与交流，共同解决问题，实现团队目标。

为了营造这种团队氛围，幼儿园可以通过举办各种团建活动（如组织户外拓展训练、趣味运动会等）来增强团队的凝聚力和向心力，让教师在轻松愉快的氛围中增进彼此的了解和信任。此外，幼儿园还可以在重要的节日或纪念日（如教师节、元旦等）举办庆祝活动，让教师感受到团队的温暖和关怀。

除了举办团建活动，幼儿园还可以通过制定共同的团队目标和价值观来引导团队成员的行为。明确的团队目标能够激发教师的奋斗精神，使他们更加明确自己的工作方向和责任。而共同的价值观则能够引导教师以正确的态度和行为去面对工作和生活中的挑战，从而营造良好的团队氛围。

在构建积极向上的团队文化过程中，幼儿园领导层的角色至关重要。他们要以身作则，发挥榜样作用，引导团队成员积极向上、团结协作。同时，领导层还要关注团队成员的成长和发展，为他们提供必要的支持和帮助，让团队成员感受到幼儿园的关怀和重视。

通过这些努力，幼儿园可以构建积极向上、团结协作的团队文化，为孩子提供更优质的教育服务。

（三）建立激励机制与晋升通道

为了激发教师的工作热情和创新精神，幼儿园需要建立合理且有效的激励机制与晋升通道，其旨在通过表彰优秀、鼓励进步，让教师感受到自己的价值被认可，从而更加认真工作，并持续寻求自我提升。

首先，设立优秀教师奖是激励机制的重要组成部分。这一奖项可以定期评选，对在教学、班级管理、家长沟通等方面表现突出的教师进行表彰。评选过程应公开透明，确保每位教师都有机会获得这一荣誉。优秀教师奖的设立不仅能激励获奖者继续努力，还能为其他教师树立榜样，营造良性竞争的氛围。

除了优秀教师奖，还可以设立教学成果奖等奖项。这些奖项可以针对教师在课程开发、教学方法创新、学生成绩提升等方面的突出成果进行表彰。这些奖项可以鼓励教师积极探索教育教学规律，不断提高自己的教学水平。

在建立激励机制的同时，晋升通道的规划也同样重要。幼儿园应该为教师提供清晰的职业发展路径，让他们看到自己的未来方向。这包括提供内部晋升机会，如从普通教师晋升为教研组长、年级组长等，以及外部培训和发展机会，如参加教师高级研修班等。这些晋升通道的设立，可以激发教师的上进心，促使他们不断提升自己的专业素养和管理能力。

此外，幼儿园还可以通过薪酬激励、福利待遇等方式来增强教师的归属感。合理的薪酬待遇和优厚的福利可以让教师感受到幼儿园的关心和重视，从而更加努力工作。同时，幼儿园还可以为教师举办丰富的员工活动，提供健康关怀等福利，营造温馨的工作氛围。

第三节　应对变革与挑战的策略

一、关注行业动态与市场需求变化

在快速发展的社会背景下，幼儿园要应对变革与挑战，首先需要密切关注行业动态与市场需求变化。这不仅是幼儿园可持续发展的基础，也是其适应市场变化、满足家长和幼儿需求的关键。

（一）定期收集与分析行业政策与发展趋势

幼儿园应设立专门的团队或指派专人负责收集与分析行业政策与发展趋势。这些信息对于幼儿园的办学方向、教育内容和方法等都有着重要的指导意义。通过深入分析，幼儿园可以及时调整自身的教学策略和管理模式，以更好地适应行业发展和市场需求。

（二）了解家长与幼儿的需求

家长和幼儿是幼儿园的服务对象，他们的需求是幼儿园发展的根本动力。因此，幼儿园需要定期与家长沟通，了解他们对幼儿园教育的期望和建议，同时观察幼儿的兴趣和发展需求。通过这些信息的反馈，幼儿园可以有针对性地优化课程设置，提升教育质量，从而满足家长和幼儿的期望。

（三）关注竞争对手的动态

关注竞争对手的动态，可以帮助幼儿园更好地定位自身，并找出自身的优势和不足。幼儿园应定期对周边的竞争对手进行调研，了解他们的办学理念、教育特色、师资力量等方面的情况。通过对比分析，幼儿园可以明确自身的竞争优势，并据此制定相应的发展策略。

（四）及时调整自身的发展战略

根据行业动态、市场需求以及竞争对手的情况，幼儿园需要及时调整自身的发展战略。这包括调整办学目标、优化课程设置、加强师资队伍建设等方面。通过不断地调整和完善，幼儿园可以更好地适应市场变化，实现可持续发展。

二、灵活调整办学策略与教育模式

面对变革与挑战，幼儿园需要灵活调整办学策略与教育模式，以适应不断变化的市场环境和教育需求。

（一）创新课程设置与教学方法

幼儿园应根据市场需求和幼儿发展规律，不断创新课程设置，引入新的教学方法。例如，幼儿园可以增加 STEM 课程、艺术教育、体育教育等多元化课程，以满足不同幼儿的发展需求。同时，采用游戏化、探究式等教学方法，激发幼儿的学习兴趣和创造力。

（二）优化师资队伍建设

教师是幼儿园教育的核心力量。为了提高教育质量，幼儿园需要不断优化师资队伍建设。这包括加强教师培训、提高教师待遇、引进优秀教师等方面。提升教师的专业素养和教育能力可为幼儿提供更优质的教育服务。

（三）营造家园共育的良好氛围

家长是幼儿园教育的重要合作伙伴。幼儿园应加强与家长的沟通与合作，营造家园共育的良好氛围。定期举办家长会、开展亲子活动等可增进家长对幼儿园教育的了解与信任，同时获取家长的反馈和建议，以便及时调整教育策略。

（四）探索新的办学模式与合作机会

在面对变革与挑战时，幼儿园可以积极探索新的办学模式与合作机会。例如，可以与其他教育机构或企业合作，共同开展教育项目或活动，实现资源共享和优势互补。这不仅可以丰富幼儿园的教育内容，还可以提高其社会影响力和竞争力。

三、加强与外部机构的合作与交流

为了应对变革与挑战，幼儿园还需要加强与外部机构的合作与交流，借鉴先进经验，提升自身办学水平。

（一）与教育部门和专业机构的合作

为了确保幼儿园的办学质量和方向始终与国家和地方的教育政策保持一致，

幼儿园应积极与教育部门和专业机构建立紧密的合作关系。通过这种合作，幼儿园能够第一时间了解最新的教育政策、法规和标准，从而及时调整教学内容和方法，确保幼儿园的办学行为始终符合国家和地方的要求。

与教育部门的合作不仅限于政策上的对接，幼儿园还应定期邀请教育部门的专家来园进行指导和评估。他们通过实地考察、与教师交流以及观摩教学活动等方式，为幼儿园的教学工作提供宝贵的建议。这些专家的指导意见将帮助幼儿园不断优化教学方法，提高教育质量。

同时，幼儿园应重视与专业机构的合作。这些机构拥有丰富的教育资源和研究经验，能够为幼儿园提供前沿的教育理念和教学方法。幼儿园可以定期邀请这些机构的专家来园进行教师培训，提升教职工的专业素养和教育教学能力。通过这些培训，幼儿园的教师能够掌握更多的教学技巧和策略，为孩子提供更优质的教育服务。

此外，幼儿园还可以与专业机构共同开展科研项目，探索幼儿教育的新模式和新方法。这种合作不仅提升了幼儿园的科研能力，还为幼儿教育领域的发展作出了贡献。

（二）与社区和企业的合作

为了更好地融入社区，充分利用社区资源，幼儿园应积极与社区开展各种形式的合作。例如，幼儿园与社区共同组织亲子活动、文化节等，为家长和孩子提供丰富多彩的文化体验。这些活动不仅增进了幼儿园与社区居民之间的了解与信任，还为孩子提供了一个展示自我的平台。

除了社区合作，幼儿园还应积极寻求与企业的合作机会。企业拥有丰富的实践资源和职业发展经验，能够为孩子提供宝贵的实践机会和职业发展指导。幼儿园与企业的合作，能够帮助孩子更好地了解社会和职业世界，为他们的未来发展打下坚实的基础。

在与社区和企业的合作中，幼儿园始终坚持互利共赢的原则，为孩子的成长和发展贡献力量。

（三）参与国际交流与合作项目

随着全球化的不断深入，国际交流与合作对于提升幼儿园办学水平显得尤为重要。因此，幼儿园应积极参与国际交流与合作项目，拓宽视野，学习借鉴国际先进的教育理念和教育方法。

通过与国外优秀教育机构合作，幼儿园不断引入新的教育理念和教学方法，丰富其的教学内容和形式。同时，幼儿园也可以派遣教师赴国外进行学习和交流，提升他们的专业素养和国际化视野。这些交流不仅让幼儿园的教师团队更加了解国际教育的最新动态，也为他们提供了一个展示自我、提升能力的平台。

此外，幼儿园还可以积极参与国际教育论坛和研讨会等活动，与来自世界各地的教育专家和学者进行深入的交流和探讨。通过这些活动，幼儿园不断拓宽办学思路，提升自身的办学水平和国际影响力。只有不断学习和进步，才能为孩子提供更优质、更国际化的教育服务。

（四）建立信息共享与资源整合平台

为了更好地实现资源共享和优势互补，幼儿园应建立信息共享与资源整合平台。这个平台可以为幼儿园提供一条集中发布和获取最新教育信息、教学资源的渠道，为幼儿园与其他幼儿园之间的交流与合作提供便利。

通过这个平台，幼儿园可以及时了解最新的教育理念、教学方法以及优秀的教学案例等。同时，幼儿园也可以将自己的教学资源和经验进行分享，与其他幼儿园共同进步。这种信息共享和资源整合的方式不仅提高了幼儿园的教学效率和质量，还促进了整个幼儿教育行业的协同发展。

此外，幼儿园还可以利用这个平台开展远程教育和在线培训等活动。通过这些活动，幼儿园可以为更多的教师提供学习和进修的机会，拓宽教育服务渠道。这种灵活多样的教育形式不仅满足了不同教师的需求，还为幼儿园的教育事业注入了新的活力和动力。

四、培育核心竞争力与创新能力

在激烈的市场竞争中，幼儿园要培育自身的核心竞争力和创新能力，以应对变革与挑战。

（一）明确办学特色与教育品牌

在幼儿教育市场竞争日益激烈的今天，幼儿园要明确自身的办学特色和教育品牌，才能在众多的幼儿园中脱颖而出。办学特色和教育品牌是幼儿园的核心竞争力，是吸引家长和幼儿的关键因素。

首先，幼儿园应根据自身条件和市场需求，深入挖掘和提炼自身的教育理念、教学方法和课程设置等方面的优势。例如，幼儿园可以注重培养幼儿的创造力、想象力，或者注重幼儿体能训练、艺术启蒙等。通过明确这些特色，幼儿园能够形成独特的办学风格和教育特色，从而吸引更多有相同教育理念的家长和幼儿。

其次，幼儿园要加强宣传和推广工作，提高自身的知名度和美誉度。幼儿园可以通过多种渠道进行宣传，如社交媒体、教育论坛、线下活动等，积极展示幼儿园的办学成果和教育特色。

最后，幼儿园还可以与家长、社区等合作，开展各种形式的教育活动，增强幼儿园的社会影响力。

明确办学特色和教育品牌不仅有助于幼儿园在市场竞争中占据有利地位，还能促进幼儿园内部的团结协作和教育教学的持续改进。教职工会更加明确自己的教育目标和方向，从而提高教育教学的质量和效率。

（二）营造创新氛围与建立激励机制

创新是推动幼儿园发展的重要动力，而营造创新氛围与建立激励机制则是激发教职工创新精神和创造力的关键。幼儿园需要采取一系列措施来营造开放、包容、鼓励创新的环境。

首先，幼儿园可以设立明确的创新目标和期望，鼓励教职工勇于尝试新的教育方法和手段。为了激发教职工的创新积极性，幼儿园可以设立创新奖励机制，对在教育教学中作出突出贡献的教职工给予表彰和奖励。这种奖励不仅是对教职工工作的认可，也能激励其他人更加努力地投入创新实践。

其次，幼儿园要提供必要的资源和支持，如提供专业发展培训、教学材料和技术支持等，以帮助教职工实现创新想法。同时，幼儿园应鼓励教职工之间的交流与合作，共同研讨教育教学中遇到的问题，分享成功的教学经验。

最后，幼儿园要营造一种容错的文化氛围，允许教职工在创新过程中犯错误，并从错误中学习和成长。这种文化氛围能够减轻教职工在创新过程中的压力，让他们更加勇于尝试和探索。

通过营造创新氛围与建立激励机制，幼儿园可以培养一支富有创新精神和实践能力的教职工队伍，为幼儿园的可持续发展和教育质量提升提供有力保障。

（三）加强科研与教研工作

科研与教研工作是幼儿园教育质量提升的重要途径，也是推动幼儿园可持续发展的关键环节。为了深入开展科研与教研工作，幼儿园应设立专门的科研与教研团队或机构，负责组织和实施相关研究活动。

幼儿园可以与高校、科研机构等建立合作关系，共同开展课题研究、学术交流等活动。这种合作可以为幼儿园带来新的教育理念和教学方法，推动教育教学理论的创新与发展。同时，幼儿园内部的教职工也可以积极参与科研与教研工作，通过实践探索和总结经验可不断提升自身的专业素养和教育教学能力。

科研与教研工作的成果应及时转化为教育教学内容和方法上的改进与优化措施。例如，根据研究结果调整课程设置和教学计划，优化教学方法和手段，提高教育教学的针对性和实效性。这样不仅可以提升幼儿园的教育质量，还能满足幼儿个性化发展的需求。

（四）持续改进与提升教育质量

面对教育领域的变革与挑战，幼儿园需要坚持持续改进与提升教育质量的原则，以适应不断变化的市场需求和社会环境。

首先，幼儿园要建立完善的教学质量评估体系，定期对教育教学质量进行评估和总结。通过课堂观摩、教学反思、家长反馈等方式收集教学过程中的问题和建议，可及时发现并改进教育教学中存在的不足。

其次，幼儿园要加强与优秀幼儿园的交流与学习，借鉴他们的成功经验和做法。可以组织教职工参加教育培训、学术研讨会等活动，拓宽视野、更新观念，不断提高自身的专业素养和教育教学能力。同时，幼儿园也要积极引进先进的教育理念和教学方法，结合幼儿园自身的实际情况进行创新和实践。

最后，幼儿园要注重家长的参与和合作，建立良好的家园共育机制。通过与家长的沟通和交流可了解家长的需求和期望，及时调整教育教学内容和方法，以满足家长和幼儿的需求。同时，幼儿园也要积极向家长宣传正确的教育理念和方法，帮助他们更好地参与幼儿的教育过程。

通过以上措施的实施，幼儿园可以不断提升自身的办学水平和教育质量，为幼儿的全面发展和未来成长奠定坚实的基础。

参考文献

[1] 卢丹.提升幼儿园管理效能的有效路径 [J]. 新课程研究，2023(12): 95-97.

[2] 纪海燕.幼儿园管理工作问题及创新策略探究 [J]. 教师博览，2023(21): 79-80.

[3] 蒋意华.人文管理在幼儿园管理中的应用 [J]. 教学管理与教育研究，2023, 8 (17): 31-33.

[4] 韩尚君.幼儿园班主任班级管理工作创新策略研究 [J]. 试题与研究，2024(8): 113-115.

[5] 王洁.幼儿园管理中的存在问题及其对策 [J]. 好家长，2023(9): 72-73.

[6] 孙文娇.核心素养视域下幼儿园教学管理措施探析 [J]. 教育实践与研究 (C)，2023(4): 55-56.

[7] 黄祯桢.幼儿园管理如何实现以人为本 [J]. 家长，2023(16): 180-182.

[8] 张婷.浅析提升幼儿园班级管理有效性的途径 [J]. 当代家庭教育，2023(18): 91-93.

[9] 秦旭芳，王露萍，席文茜.幼儿园家园信任危机的公共关系管理现状研究 [J]. 辽宁教育，2023(18): 44-50.

[10] 李琼.幼儿园突发事件应急管理策略分析 [J]. 科幻画报，2023(5): 97-98.

[11] 安春梅.深化改革，提升幼儿园管理水平 [J]. 留学，2023(13): 62-63.

[12] 刘露.幼儿园教育教学管理的意义与策略 [J]. 启迪与智慧（上），2023(10): 15-17.

[13] 许红，雷小利.新时期幼儿园管理水平的提升路径 [J]. 甘肃教育，2023(23): 67-71.

[14] 刘晓燕.论家长参与幼儿园管理的实践研究 [J]. 当代家庭教育，2023(23):

36-38.

[15] 龙云 . 幼儿园管理创新路径探寻 [J]. 智力 , 2023(33): 187-190.

[16] 吕晓丽 . 大数据时代背景下的幼儿园内部管理策略探讨 [J]. 智力 , 2023(34): 187-190.

[17] 程黎明 . 儿童参与幼儿园管理的现状与有效策略 [J]. 早期教育 , 2023(48): 26-27.

[18] 秦玉宝 . 信息技术在幼儿园后勤管理中的应用探究 [J]. 名师在线 , 2024(1): 85-87.

[19] 张莹 . 自我管理模式在幼儿园绩效管理中的应用 [J]. 理财 , 2024(4): 81-82.

[20] 刘丹妮 . 公办幼儿园财务管理现状及对策研究 [J]. 中国农业会计 , 2023, 33 (23): 15-17.

[21] 卢丹 . 提升幼儿园管理效能的有效路径 [J]. 新课程研究 , 2023(12): 95-97.

[22] 纪海燕 . 幼儿园管理工作问题及创新策略探究 [J]. 教师博览 , 2023(21): 79-80.

[23] 蒋意华 . 人文管理在幼儿园管理中的应用 [J]. 教学管理与教育研究 , 2023, 8 (17): 31-33.